芸能界No.1
トイレマニア

佐藤満春のトイレ学

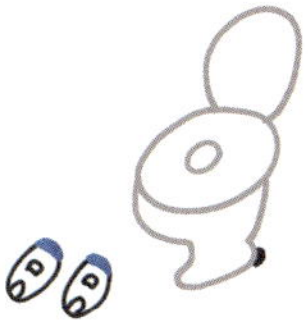

第三文明社

はじめに

全国の読者の皆さん、初めまして。佐藤満春《さとうみつはる》と申します。お笑いコンビ「どきどきキャンプ」として活動しているほか、テレビ番組などの構成作家もしています。何よりトイレのことが大好きで、トイレ博士としてイベントに出演したり、トイレを研究するラジオ番組などのパーソナリティーも務《つと》めています。

そんな僕は極度《きょくど》の人見知りです。テレビ局などに行くと多数の芸人さんが待機《たいき》する大きな楽屋があるのですが、僕はその空間がとっても苦手《にがて》。いつもトイレの個室にこもって時間をつぶしていました。ところが、時間をつぶすうちに、トイレの魅力《みりょく》を実感するようになっていったのです。

トイレの魅力、それは、便器の色、水洗《すいせん》の水量、温水洗浄《せんじょう》便座の角度、空間の演出！……と、語りだしたらきりがありません。

やがて、趣味《しゅみ》で始めたトイレ情報の収集が仕事になり、「トイレ博士」としてテレビやラジオに出演させていただく機会も増えました。

ところが、日本のトイレ事情を知れば知るほど〝ある壁《かべ》〟にぶつかるようになっていったのです。

ご存じのとおり、日本は「トイレ先進国」で、便器製造や節水の技術などのレベルは世界最高水準です。ところが、便や排泄《はいせつ》に関する教育（便育《べんいく》）は軽視されてきたため、その点では「トイレ後進国」だといえます。

皆さんは、小学生の男子が学校でなかなか大便ができずに、家までがまんするという話を、ご存じですか？

じつはこれ、僕の世代やもっと上の世代からず～っと続いている悪《あ》しき

習慣なんです。男子がトイレで個室に入ると、大便をしていることが周囲にばれて、そのことが原因でいじめられる。だから学校では大便をがまんする、という悪循環《あくじゅんかん》。食と排泄は人間にとって同等に大切な行為《こうい》なのに、日本では便のことになると、嫌《きら》われ煙《けむ》たがられてしまいます。僕は〝この日本の悪しき伝統を、自らの手で変えていきたい〟と思っています！　なんだか、とてつもなくスケールの大きな話になりそうです（笑）。

少々、お硬《かた》くなりましたが、トイレ好きな僕が初めて出版したこの本が、読者の皆さまにとって「トイレや便のことを楽しく考えてみよう」というきっかけになれば幸いです。

二〇一六年十月

佐藤満春

芸能界No.1
トイレマニア
佐藤満春の
トイレ学

Contents

第3章
ピカピカトイレは一日にしてならず

堂々とトイレに行く男子って、かっこいい！

Talk Stage Part.1

佐藤満春×鈴木奈々さん

鈴木奈々　私はトイレによく行きますし、トイレが大好きなんです。普段からトイレのことをめっちゃ、考えてます。

佐藤満春　そうなんですか⁉　たとえば、どんなふうに？

鈴木　旦那《だんな》さんとトイレのことで結構、揉《も》めるんですよ。私が流し忘れていたりして……。私の後にトイレに入った旦那さんに「また忘れてたよ、マジやめて！」って怒《おこ》られるんです。最近、水が自動で流れるトイレがあるから、忘れちゃうのかな？

すずき・なな●茨城県出身。人一倍の元気のよさと、何事にも全力で取り組む姿勢が好感を呼び、テレビなどで活躍中。

佐藤　うーん？

鈴木　いっしょに暮らし始めたころは〝旦那さんが近くにいるのに、トイレなんてできない〟って思っていたんですけどね……。いまはよく「私が先に入る」「俺《おれ》が先」って揉めています（笑）。なぜか同じタイミングで、トイレに行きたくなるんです。

佐藤　いっしょに生活をして、同じような食事を、同じようなタイミングでとっていると、便がしたくなるタイミングも同じになるんですかね。

トイレ掃除には男性が向いている

佐藤　奈々さんの家では、トイレの掃除《そうじ》はどちらが担当されているんですか？

鈴木　旦那さんです。すごくきれい好きなので、率先《そっせん》して家じゅうを掃除してくれるんです。

佐藤　それはすばらしい！

鈴木　旦那さんは三日に一度くらいはト

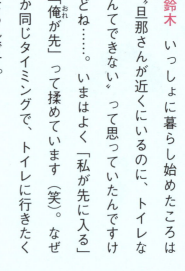

イレ掃除をしているんじゃないかな？　だからいつもピカピカです。

佐藤　掃除って、じつは女性よりも男性のほうが向いているんじゃないかなって思うんです。男性って理屈《りくつ》っぽい人が多いので、〝この汚《よご》れには、この洗剤《せんざい》が合う〟などと考えるわけです。やはり、トイレを安心できる空間にするための第一歩は、清潔《せいけつ》にしておくことですよね。

鈴木　そう思います。私もトイレでリラックスするために、トイレをお部屋みたいにかわいらしくしようと思って、壁《かべ》を大好きな水色にしました。

佐藤　トイレを意識的にきれいにしたり、明るくするのは、とてもいいことですね。トイレを大切に考える人ほど、トイレをきれいにし続《つづ》けられるものです。

海外のトイレは驚きがいっぱい

佐藤　奈々さんは仕事でよく海外にも行

きますよね。海外のトイレ事情《じじょう》はどうですか。

鈴木　トイレって国によって、本当にさまざまですよね。トイレの個室ドアの下のスペースが大きく開《あ》いていたり。

佐藤　スペースが大きく開いているのは、犯罪防止《はんざいぼうし》のためだそうです。密室《みっしつ》になると事件が起きる可能性が高くなるそうなので。

鈴木　便器の横にごみ箱が置いてあることもありますね。トイレットペーパーが詰《つ》まりやすいから、流しちゃダメなんだそうです。

私は家のトイレをよく詰まらせちゃうんですよ。トイレットペーパーを使いすぎているのかな？　トイレットペーパーって、何秒くらい、ぐるぐる巻《ま》けばいいんですか。

佐藤　秒数を数えたことはないんですけど（笑）、あるデータによると、一回あたり四十〜五十センチ使って拭《ふ》く人が多いようです。

鈴木　海外の田舎《いなか》のほうでは、なかなかトイレが見つからないこともあって、以前に一度、ポータブルトイレを使ったこともありました。ポータブルトイレを持参していると安心です。

佐藤　奈々さんから、こんなにもトイレの話題が出てくるとは思いもよりませんでした（笑）。便やトイレにまつわる、いろんな経験をしているんですね。

生きていくために絶対に必要なもの

佐藤　いま、小学生のなかには、まわりの目を気にして、学校で大便ができない子が多いんです。とくに男子は、トイレが大と小で分かれているので、どっちをしているのかが、すぐにわかります。

　僕らが子どもだったころも、学校では、恥《は》ずかしくてうんちができなかったり、うんちをするとからかわれたりしました。そんな〝悪《あ》しき伝統〟が、いまも根強く残っているようなんです。

鈴木　かわいそう……。そんな環境を変えていきたいですね！

佐藤　神奈川県大和《やまと》市では、市立の小中学校の男子トイレを個室にする計画があるそうです。すべてのトイレが個室になったら、まわりの目なんか気にせずに、うんちができるようになります。でも、僕はいまのままでも、男子が堂々とうんちができるようにしていきたい！

鈴木　私もそう思います！　堂々とうんちができる人って、かっこいい！　一方で、からかう人は、ちょっとダサいなって思います。人間が生きていくためには、おしっこやうんちは絶対にするんだから。男子は男子らしく、堂々とうんちをしてほしい！

佐藤　すばらしい言葉です！

鈴木　私と旦那さんは同じ中学校出身なんですが、旦那さんは学校でうんちをするとき、人目《ひとめ》なんて気にしなかったそうです。そんな旦那さんを〝かっこいいな！〟って思いました。私はやっぱり堂々としている男の人を好きになっちゃうな。

佐藤　堂々とうんちをする男子はモテる。励《はげ》みになります！

第1章

子育てとトイレ
～便育のすすめ～

おむつなし育児

僕はいま二歳の息子の子育てに奮闘《ふんとう》しています。日々、さまざまな発見や感動がありますが、そのなかで最も感動したことの一つが、おむつの性能のよさ！　おしっこやうんちが漏《も》れないことはもちろん、赤ちゃんの動きやすさも十分に考慮《こうりょ》された構造になっていて、〝日本には、こんなに便利なおむつがあって、息子も僕も幸せだな～〟なんて思ったりもします。

ところがこのおむつ、国によって、その性能や使用年齢などに大きな違《ちが》いがあります。

たとえば、日本人がおむつを外す年齢は諸《しょ》外国のそれと比べて遅いといわれています。それどころか世界の約半分の国々では、育児の際におむつを使用せず、子どもが便意《べんい》をもよおしたことをアピールするたびに、子どもをトイレに連れて行くのだそうです。

では、便意を主張できない、また排便《はいべん》を調整できない赤ちゃんには、どのようにかかわっているのでしょうか。

ポイントは赤ちゃんからのサインです。子どもは便意をもよおしたときに〝もよおしたサイン〟を発しているといいます。おむつを使っていない国々では、そのサインをキャッチすることが大切で、それが親の役目であるといった考え方があるのだそうです。

本書の「はじめに」でも触《ふ》れましたが、日本の便育《べんいく》（便や排泄《はいせつ》に関する教育）は、まだまだ不十分だと感じます。国によっておむつや便意の考え方に違いがあったり、おむつなし育児をしている国の子どもが、早い時期から一人でトイレに行き、用を足《た》すようになっていることを知ると、改めて日本の便育が絶対ではないことがわかります。

一説では、おむつなし育児は子どものストレス軽減《けいげん》にもつながるといわれています。その理由はさまざまだと思いますが、子どもの立場になって想像すると、親が自分のサインに気づいてくれることが、うれしいからではないでしょうか。

日本人はきれい好きですので、おむつなし育児はなかなか浸透《しんとう》しづらいとは思いますが、今日あたり一度、子どものサインに注目してみてはいかがでしょうか。

注目を集めるオープントイレ

皆さんは、ご自身がおむつを外《はず》し、トイレに行けるようになった日のことを覚《おぼ》えていますか？　覚えていないですかね（笑）。

ただ、子どもは覚えていなくても、トイレトレーニングをする側《がわ》は、非常に苦労するわけです。

じつはこのトイレトレーニング、〝おむつを外すこと〟だけが目的ではありません。子どものころから排泄《はいせつ》と向き合うなかで、排泄が生きるために必要な尊《とうと》い行為《こうい》であるということを認識させることも、大事な目的なのです。間違《まちが》っても子どもに、「排泄は隔離《かくり》された暗い部屋で、怒《おこ》られないようにするもの」といった認識は持たせないようにしたいものです。

近年、トイレトレーニングをするうえで非常に注目されているスペースがあります。その名も「オープントイレ」です。現在、全国の幼稚園や保育所などで採用されつつあります。

以前は、教室とトイレとの間には〝明確な境目《さかいめ》〟

がありました。しかし、オープントイレにはそれがありません。つまり、教室から廊下《ろうか》に出てトイレに行くのではなく、教室からドア一枚でスムーズにトイレに行けるようになっているのです。またトイレのなかも非常に明るく、教員や保育士の目が行き届《とど》きやすくなっています。

さらにオープントイレでは、同じスペースに子ども用の便器が複数並《なら》んでいるため、友だちがどのようにトイレを使っているのか、またトイレとどう向き合っているのかを、子ども同士で確認し合えるようになっています。

このオープントイレを利用している子どもは、従来《じゅうらい》のトイレを利用している子どもよりも半年以上も早く、一人でトイレに行けるようになっているそうです。

これまでトイレは、４Ｋ（暗《くら》い、汚《きたな》い、怖《こわ》い、臭《くさ》い）といわれてきましたが、オープントイレは、明るく、きれいで、安心で、しかも掃除《そうじ》がしやすくなっています。

子どもに、トイレへのポジティブなイメージを持たせることは、親の大事な役目かもしれません。

充実の有料トイレ

ここ数年で〝イクメン〟という言葉が社会のなかで定着し、ＴＶや新聞、雑誌、インターネットなどでも、男性の育児参加の様子が取り上げられることが多くなりました。

僕も現在、息子の育児に奮闘《ふんとう》中で、妻が不在のときに、息子と二人で外出することが多々あります。

そんな僕が息子と外出するたびに感じている

こと、それは「おむつ交換台《こうかんだい》」の設置された男性トイレの少なさです。

昔の日本では、女性が育児を担《にな》うことが一般的であったため、おむつ交換台は女性トイレにあれば十分だったかもしれません。しかし、育児にたずさわる男性が増えた現代にあっては、男性トイレにおむつ交換台を設置することは急務です。

育児にたずさわる男性の皆さん！　外出先で子どものおむつを交換しなければならないときに、男性トイレにおむつ交換台が見つからない場合はぜひ、多目的トイレをご利用ください。

そのうえで、僕が提案《ていあん》したいのは「有料トイレ」や「有料ブース」の活用です。

いまや、公共施設《しせつ》や商業施設の有料トイレは、ものすごく充実《じゅうじつ》しています。「トイレにお金を払うのは……」と抵抗感を示される方もいらっしゃるかもしれませんが、まずは一度、行ってみてください！　おむつ交換台が設置されているのはもちろんのこと、内装《ないそう》がきれいで、パウダールームが広く、リラックスできる音楽が流れているなど、とても充実しています。

なかでも、東京・秋葉原《あきはばら》駅の「オアシス＠akiba」や渋谷《しぶや》ヒカリエShinQsの「スイッチラウンジ」（TOP&ClubQカード会員専用）は一見の価値《かち》があります。

日々、育児に励《はげ》んでおられる皆さん、ぜひ一度、こうした空間を体験してみてください。そこには、育児の疲れが吹き飛ぶほどの何かがあるかもしれません。

オアシス@akiba

（東京・秋葉原駅）

秋葉原駅の東側交通広場にある、千代田区が管理・運営しているトイレです。１回 100 円と有料ですが、常駐《じょうちゅう》の管理人がいて、掃除が行き届いています。着替えるための台や冷暖房を完備している点にも注目です。

さらに、共有スペースにはパソコンが２台置いてあって、そこで情報収集もできるという優《すぐ》れもの。

お金を払うだけの価値《かち》があり、僕も、秋葉原近辺に行ったときには必ず使います。さほど混《こ》んでいないので、ゆっくりと使えるのもオススメポイントです。

料金は１回 100 円だが、身体障がい者と小学生以下は無料。Suica も使える

所在地：東京都千代田区神田花岡町１番地先

サトミツおすすめ！Toilet

安全で明るく、きれいなトイレは駅に隣接。7:00 から 22:00 まで利用できる

充実の「だれでもトイレ」はオストメイト（人工肛門保有者）にも対応

排泄のことを楽しく学ぶ

今回は、「便育《べんいく》」の大切さを確認し合いたいと思います。

ここ数年、「食育」という言葉がよく使われています。「食育」とは、生きるうえでの基本であって、知育・徳育・体育の基礎《きそ》となるものであり、さまざまな経験を通じて「食」に関する知識と「食」を選択《せんたく》する力を習得し、健全な食生活を実《じっ》践《せん》することができる人間を育てることです。

一方で、「便育」とは、簡単にいうと「便や排《はい》泄《せつ》についての教育」です。ある調査によれば、この「便育」という言葉はまだ、国民の一〇パーセントほどの人にしか知られていないという結果が出ています。

僕は〝この数字をもっと上げていかなければならない！〟との使命感を、勝手に抱《いだ》いていますす（笑）。

なぜ、「便育」という言葉や考え方を知ってもらわなければならないのか。それは、すでに何度か述《の》べているとおり、小学生の男子のなかには、学校で大便をがまんしている子どもがいるからです。

トイレをがまんして体調を崩《くず》す——これは本当につらくて悲しいことです。この悪《あ》しき伝統をなくさなければいけません。そのためには、小さいころから子どもたちに、排便《はいべん》は恥《は》ずかしい行為《こうい》ではなく、食と同じぐらい大事で尊《とうと》い行為であると教えていくことが大切です。学校で胸《むね》を張ってトイレに行けるようになれば、子どもたちの学校生活はもっと楽しくなるはずです。

排泄のことがわかれば、自分の体を知ることができます。また、食の大切さがわかり、食生活を振《ふ》り返ることもできるのです。

皆さんもぜひ、ご家庭で子どもたちといっしょに排泄のことを楽しく語り合ってみてはいかがでしょうか。

関心を持ったきっかけ

ここでは、僕がトイレや「便育《べんいく》」に関心を持つようになったきっかけを、改めてお話ししたいと思います。

僕は子どものころから〝お腹《なか》が弱く〟て、よくトイレに行っていました。そして、トイレでの滞在《たいざい》時間も長いために、トイレを身近な存在として感じるようになっていったのです。

そんな僕が、トイレに、よりいっそう親近感を覚《おぼ》えるようになったのは、お笑い芸人になってからのことです。

若手《わかて》の芸人は、仕事場で出番の前後に、いわゆる大部屋《おおべや》（大きな楽屋）で、ほかの若手の芸人たちといっしょに過ごすことが多いのですが、じつはこれが人見知りの僕としては結構、つらかったのです。大部屋で〝居場所《いばしょ》〟を見つけられない僕は、よくトイレの個室で待機《たいき》していました。トイレは心から安心できる空間だったのです。

そんなある日、「ウォシュレット」（温水洗浄《せんじょう》便座）誕生の歴史を紹介するテレビ番組を見ました。その内容に心から感動した僕は、その翌《よく》日《じつ》にトイレのショールームに足を運んだのです。

ショールームで最新のトイレを見た僕は、トイレのとりこになり、車好きな人が車のカタログを集めるがごとく、トイレのカタログを集めては読みあさるようになりました（笑）。ここから、世界中のトイレの課題や、この本のテーマにもなっている「小学生の男子が学校でうんちができない問題」に突《つ》きあたり、それらを解決しようと、行動するようになったのです。

排泄《はいせつ》は人が生きていくために絶対に必要な行為《こうい》です。ところが、排泄にはネガティブな印象が定着しており、そのことについて話す機会がなかなかありません。

ですから、こうしてトイレや排泄をテーマに語り、皆さんに興味を持っていただけることがとてもうれしいのです。

創作絵本

小学生男子、トイレに行こう！

勇気ある うんち

作／佐藤満春　絵／セキ・ウサコ http://seki-usaco.com/

「うーん、うーん……」

きゅうしょくの時間が終わり、５時間目がはじまる前、
ひでかずくんは　うんちをしたくなりました。

はずかしいけど　こっそり　トイレへ。

すると……

「わー！　だれか　うんちしてるぞ！」

「やーい、やーい！」

先にうんちをしているだれかが、ほかの男子にからかわれている!!

ひでかずくんは　うんちをがまんして、
おしっこだけして　トイレをだっしゅつ！

あんなふうにいわれたら、はずかしいよ!!

キーン　コーン　カーン　コーン♪
学校が終わり、
「うーん、うーん……」
きょうも　うんちを　がまんしていたひでかずくん。
いそいで　おうちに帰ります。
ダッシュ！　ダッシュ！

帰ってトイレに入って……。
ギリギリセーフ！

「ふーー！」
ほっとひといき　ひでかずくん。

するとおかあさんが
話しかけてきました。

「ひでくん、なんで
いつもうんちを
がまんしてくるの？」
ひでかずくんは
こたえます。
「うんちしてるって
みんなにいわれて
はずかしいよ」

おかあさんは
やさしく　言いました。

「ひでくん。ひでくんは
ごはんを食べるところを
だれかに見られたら
はずかしい？」
「ううん、はずかしくないよ。
なんで？」
「ごはんを食べることは、
人間にとって
あたりまえのことだよね。

ごはんを食べるから、
ひでくんは　毎日　元気なんだよね」
「うん！」
「ごはんを食べるから　うんちが出るんだよ。
ごはんを食べることも　うんちをすることも、
人間には　とても　だいじなことなんだよ。
だから　はずかしいことじゃ　ないんだよ。
みんなが　ごはんを食べるように、
みんなが　うんちをするのだから」

「ほんとうに　そうだね！
もう、がまんなんかしないよ」

つぎの日。

きゅうしょくの時間が終わり、5時間目がはじまってまもなく
ひでかずくんは　また　うんちがしたくなりました。

「うーん、うーん……」

でも、きょうのひでかずくんはちがいます。

「先生！　ぼくは　うんちをしてきます！」

クラスのみんながこっちを見ました。

先生は言います。

「よし、いいぞ！　ちゃんと出してきなさい。はずかしいことじゃないぞ！」

じょし
だんし

ひでかずくんはトイレに向かいました。

すると、クラスのみんなが　つぎつぎと
「ぼくも　うんちしたい！」

「わたしも！」

「おれも!!」

あっというまに　トイレは大こんざつ！

みんな　うんちがしたかったんだ！

ひでかずくんの「勇気《ゆうき》あるうんち」がきっかけで、
ほかのみんなも　学校で　ちゃんと
うんちができるようになりました。

トイレから帰ってきて
すっきりした顔のひでかずくん。
ひでかずくんのあとに
トイレを使った友だちが　走ってきて言いました。

「ひでくん、うんちをするのはいいけど、
ちゃんと流してよ！」

みんなは　笑いました。
はずかしそうなひでかずくん。
でも　ちょっとうれしそうでした。

（おわり）

協力／『小学一年生』（小学館）

第2章

トイレと日常の密接な関係

トイレがある安心感

改めて宣言《せんげん》しますが、僕はトイレやトイレの空間が大好きです！とくに、きれいなトイレには〝なるべく長い時間、滞在《たいざい》していたい！〟と思っているのです。

そう思うようになった理由はさまざまあるのですが、大きな理由の一つは、トイレにいると〝いつ

便がしたくなっても大丈夫《だいじょうぶ》〟との安心感があるからです。そこで今回は「トイレにすぐに行きたくなってしまう悩《なや》み」についてお話ししたいと思います。

皆さんは「過活動膀胱《ぼうこう》」という病気をご存じでしょうか。これは「自分の意思に関係なく、膀胱が収縮《しゅうしゅく》し、尿意《にょうい》がたびたび起こる病気」です。

あるデータによると、四十歳以上の八人に一人が「過活動膀胱」であり、国内には八〇〇万人以上の患者《かんじゃ》さんがいるともいわれています。

ちなみに昔からよく耳にする「膀胱炎」は、

主に細菌感染《かんせん》によって膀胱に炎症《えんしょう》が起きる病気ですので、「過活動膀胱」とは異なります。

通常、おしっこをする回数は、一日に五〜七回ほどといわれています。それよりも回数が極端《きょくたん》に多い場合や、夜中に何度もおしっこがしたくて目を覚ましたり、おしっこを漏《も》らしてしまう場合は、「過活動膀胱」の疑いがありますので、病院で一度、医師の診察を受けてみることをおすすめします。

トイレに頻繁《ひんぱん》に行きたくなってしまうと仕事のパフォーマンスが低下しますし、遊びに出かけてもトイレを探《さが》すことに気を取られてしまい、楽しめなくなります。

排泄《はいせつ》の問題は日常生活と密接にかかわっていますので、後回しにしないでおきましょう。

また、きれいで安心できるトイレが街のなかに数多く設置されていれば、安心感は増していきます。今後、よりいっそう設置が進められることを願います。

トイレでほっと一息

トイレの利用目的や滞在《たいざい》時間は人それぞれです。用を足《た》すだけの人、本を読む人、お化粧《けしょう》を直す人。そして洗浄《せんじょう》時の水流を見る人……まあ、これは僕だけでしょうか（笑）。

また、便器の機能や性能の進歩に伴《ともな》って、公《こう》衆《しゅう》トイレをはじめとした社会全体のトイレ環境も急激な進歩を遂《と》げました。清潔できれいになったことはいうまでもありません。

最近はとくに、デパートをはじめとした商業施設《しせつ》のトイレ環境の変化が顕著《けんちょ》です。

二〇〇〇年ごろまでデパートでは、「一階にトイレをつくらない」というのが定説でした。一階にトイレがあると、そのトイレは公衆トイレ化し、何も買わずにトイレだけを利用する人が増えてしまうからです。

一九八〇～九〇年代につくられたデパートには、見事に一階にトイレがありませんでしたし、トイレ環境も決してよいとはいえませんでした。

そんななか、あるデパートは敢《あ》えて一階に

トイレをつくり、とにかくきれいにしました。とくに女性トイレのパウダールームやアメニティーグッズの充実《じゅうじつ》に力を入れたのです。

するとそのデパートは、多くの女性からの絶大な支持を得て、結果的に大繁盛《はんじょう》するようになりました。そのデパートの成功を受けて、多くのデパートや商業施設も、トイレを〝買い物中にくつろぐこともできるきれいな休憩所《きゅうけいじょ》〟として整備するようになっていったのです。

当然ながら自宅のトイレも、人知れずほっと一息つくことができる場所です。

皆さん、自宅のトイレはきれいですか？　トイレをきれいにし、トイレ環境を整えることは、トイレや排泄《はいせつ》ときちんと向き合うことにもつながっていきます。

トイレとは一生のつき合いです。いま一度、衣食住とともに、自身のトイレ環境を見直してみてはいかがでしょうか？

渋谷ヒカリエ ShinQs
（東京・渋谷）

渋谷駅直結のショッピングモール「渋谷ヒカリエ ShinQs」にある〝スイッチルーム〟は、進化系レストルーム。フロアごとにコンセプトがあり、心と体をリフレッシュできるよう、工夫されています。３階の女性用スイッチルームには、臭《にお》いや花粉を吹き飛ばす「エアシャワーブース」が備えられています。

５階は「スイッチラウンジ」と呼ばれるクレジット会員専用ラウンジがあり、酸素バーやフットマッサージ、ゆっくりお化粧《けしょう》できる女優ミラーも備えているそうです。

もちろん、男性トイレも抜群にきれいで、買い物しなくても、思わず立ち寄りたくなる空間です。

所在地：東京都渋谷区渋谷 2-21-1

サトミツおすすめ！Toilet

洗練された３階のスイッチルーム

TOKYU CARD clubQ 会員専用の５階スイッチラウンジは極上のリラックススペース

多目的トイレの使用について

今回は「多目的トイレ」について考えてみましょう。

〝多機能トイレ〟や〝だれでもトイレ〟など、さまざまな名称《めいしょう》で呼《よ》ばれる多目的トイレですが、その設置数は年々増えており、駅やデパートなどでも目にする機会が多くなっています。読者のなかには、子どものおむつ交換《こうかん》をする際に、多目的トイレにあるおむつ交換台を使用している、という方も多いのではないでしょうか。

男性の育児参加が叫《さけ》ばれている昨今ですが、男性トイレにはおむつ交換台自体が設置されていないこともあるため、育児にたずさわる男性にとっても、多目的トイレはとても頼《たの》もしい存在なのです。

また、多目的トイレには、広いスペースにベビーチェアや手すり、オストメイト（人工肛門《こうもん》保有者）対応の設備などもあるため、子ども連れの方や高齢者、車椅子《いす》利用者、また、障がい者にも重宝《ちょうほう》されています。

多目的トイレはとにかく便利ですから、健常者が利用することもあります。ある調査によると、健常者のなかで「空《あ》いていれば使う」と答えた人は、全体の半数に上《のぼ》りました。しかし私は、健常者一人での多目的トイレの使用は、なるべく控《ひか》えてもらいたいと考えています。

多目的トイレは、電車でいうところの優先席《ゆうせんせき》です。高齢者や妊婦《にんぷ》の方が優先的に利用できる席です。もちろん優先席が空いていれば、高齢者や妊婦以外の方もそこに座ることはありますが、目の前に高齢者などがいれば譲《ゆず》りますよね。

ところが、多目的トイレでは、自分が使っている間に〝外《そと》でトイレが空くのを待っている人がいるのかどうか〟がわからないため、結果的に、優先的に利用できる人を待たせてしまうことになってしまうのです。ですから、一般のトイレを問題なく使用できる人は、多目的トイレが空いていたとしても、その使用は避《さ》けてもらいたいと思っています。

トイレの使用目的は人それぞれですが、「本来、使うべき人を待たせていないか？」ということを忘れずに、生活していきたいですね。

ユニットバスの誕生

皆さんは、「ユニットバス」と聞いて、どんな空間を想像しますか。多くの人は〝お風呂《ふろ》とトイレがいっしょになっているもの〟を想像するのではないでしょうか。たしかにそれで間違《まちが》いはありませんが、正解とも言い切れません。というのも、本来は浴槽《よくそう》のまわりの壁《かべ》・天井《てんじょう》・床《ゆか》が一体となっているお風呂のことを、ユニットバスと呼《よ》ぶからです。

浴槽と洗面台が一体となっているものが二点ユニットバス（通称＝二点ユニット）、そこにトイレが入ると三点ユニットバス（通称＝三点ユニット）となります。よって、ユニットバスと呼ばれるお風呂でも、浴槽とトイレが別々になっていることもあるのです。

じつは、ユニットバスが世界で最初に誕生《たんじょう》した国は日本で、そのきっかけは一九六四年に開催された「東京五輪《オリンピック》」でした。

東京では、五輪の開催が決まって以降《いこう》、すごい勢いでホテル建設が進められていました。その建設ラッシュのなかで、超高層《ちょうこうそう》の「ホテルニューオータニ」が建設されたのです。

しかし、五輪までに超高層ホテルを完成させるためには、かつてないほどの急ピッチで作業に当たる必要がありました。そういった状況のなかで誕生したのが、ユニットバスだったのです。

しかも、超高層ホテルであるため、バスルームはかなり軽量化《けいりょうか》する必要がありました。そこで設計・施工《せこう》を担当していた建設会社は、いまのTOTO株式会社にバスルームの軽量化を依《い》頼《らい》。TOTOはプロジェクトチームをつくり、見事に軽量化したバスルームをつくり上げたのです。

このような歴史を踏《ふ》まえると、東京五輪・パラリンピックが開催される二〇二〇年に向けて、お風呂業界やトイレ業界のさらなる発展《はってん》が期待できます。

トイレで節水！

現在、日本の人口は減少傾向《けいこう》にありますが、世界に目を向けると人口は増え続けています。そしてこの人口増加が、さらなる水不足を引き起こす要因になるのではないかと懸念《けねん》されているのです。そこで、ここではトイレでの節水を考えてみたいと思います。

皆さんはトイレでの節水と聞いて、何を思い浮《う》かべますか。昔からよく用いられている節水術の一つに、「水の入ったペットボトルをトイレタンクのなかに入れる」といった方法があります。タンク式のトイレでは、水を流すためのレバーをひねると、タンクのなかにあるボールタップが浮かび、溜《た》まっている水が流れ出します。このタンクにペットボトルを入れることで、タンクに溜まる水の量を少なくしているのです。

しかし、この方法は非常に危険《きけん》です！　というのも、タンクの容量は排泄物《はいせつぶつ》を流すために必要な水量を考えてつくられているので、水の量が少なくなると排泄物が流れず、配管が詰《つ》まって水が逆流《ぎゃくりゅう》する危険性もあるからです。

そこで、いますぐできる節水のための取り組みを二つ、ご紹介します。

一つ目は、節水型のトイレに買い替《か》えることです。古いタイプのトイレでは、「大」のレバーで水を一回流すと、十三〜二十リットルもの水を使用しますが、最新式の節水型トイレでは、四〜六リットルの水で済《す》むようになっているからです。

二つ目は、レバーの「大」「小」を使い分けること。たとえば〝小〟をして、レバーの「大」を使って流すのは水の無駄遣《むだづか》いですし、〝大〟をしてレバーの「小」で流せば詰まる危険性もあります。用途《ようと》に合わせたレバーの使い分けが大事なのです。

また、「大」と「小」では、一回に使用する水の量に二〜三リットルの違いがありますので、積み重なると大きな違いになります。環境への影《えい》響《きょう》や水道代の節約を考えると、「小」で問題がないときは、「小」を使うように心がけたいものです。

トイレはだれもが毎日使うもの。だからこそ、エコを心がけて、正しく、楽しく使いたいですね。

トイレのネーミングライツ

現在、二〇二〇年の東京五輪《オリンピック》・パラリンピック開幕に向けて、トイレ業界にもさまざまな動きが起きています。行政だけではなくメーカー各社にも、〝街じゅうにきれいな公衆トイレを増やそう！〟〝快適なトイレで海外からのお客さんをおもてなししよう！〟といった動きが見られるようになってきました。

たとえば、経済《けいざい》産業省は、二〇一五年からト

イレ空間やトイレに関する活動の好事例を世の中に紹介《しょうかい》することを目的とした「日本トイレ大賞」を設け、とくに優《すぐ》れた事例を表彰しています。

そして、その第一回「日本トイレ大賞」を受賞したのが、東京都渋谷区の「公衆《こうしゅう》便所ネーミングライツ事業」でした。

公衆トイレをきれいにするのは行政の仕事です。しかし、限られた予算と時間のなかで、すべてを行政でできるわけではありません。

そうしたなか渋谷区では、公衆トイレのネーミングライツ（命名権《めいめいけん》）を公募《こうぼ》しました。これはトイレの施設《しせつ》命名権を取得した事業者が、公衆トイレの所定の場所に、企業名や商品名を記《しる》した施設名称看板を設置できるという画期的《かっきてき》な取り組みです。

一般的な命名権では、権利を取得した事業者が金額を支払うことで、施設の愛称《あいしょう》を企業名や商品名に変えることができます。ところが、トイレの命名権は取得金額が年十万円程度であることが多く、一般の命名権の取得金額と比べれば、かなり少額です（〇円のところもあります）。

そして、取得金額が少額であることの代わりに、権利を取得した会社や団体は、トイレの改修や定期メンテナンスなどの役務《やくむ》を無償《むしょう》で提供することが多く、その結果、トイレはいつも清潔に保たれるのです。

現在、トイレのネーミングライツは、神奈川県や埼玉県、愛知県、京都府などでも導入されています。ネーミングライツの導入が進めば進むほど、きれいなトイレがどんどん増えていきますね。とてもすてきな試《こころ》みです！

サトミツおすすめ！Toilet

区役所前トイレ診断士の厠堂《かわやどう》
（東京・渋谷）

ネーミングライツ事業により愛称《あいしょう》が変わった渋谷区役所前の公衆《こうしゅう》トイレ。その名も「トイレ診断士の厠堂」——。このネーミングライツを取得したのが、僕の〝トイレ仲間〟で、トイレメンテナンスのプロ集団「株式会社アメニティ」です。

アメニティさんは、僕を看板モデルとして採用してくださり、トイレのなかに設置されている看板にはなんと、僕の写真が載《の》っているのです！

所在地：東京都渋谷区神南 1-5-11

2020年東京五輪は
トイレから！

世界的展望と
日本の未来
を語る

Special Talk Live

春日俊彰さん（オードリー）×佐藤満春

これまで、世界の国や
部族のトイレを
数多く目撃《もくげき》してきた
オードリーの春日俊彰さん。
東京五輪・パラリンピックで
海外の人々を迎《むか》える日本の
トイレは、どうあるべきか？
はたまた、自分ちのトイレは
どうすべきなのか!?
大の仲良しの二人が、
縦《じゅう》横《おう》無《む》尽《じん》に語り合いました。

かすが・としあき●
1979年埼玉県生まれ。
お笑いコンビ「オードリー」
のボケ担当。俳優、声優、ボディービルダー、水泳選手としても活躍。所沢市観光大使。

トイレ特派員は見たビックリ仰天の海外事情

佐藤満春　そもそもの話だけど、オジさん（春日さんのこと）が海外ロケに行くたび「トイレ特派員《とくはいん》」をお願いしていたんだよね。

春日俊彰　そう。海外トイレ特派員。そっちがメイン。身体《からだ》を張ったロケは、おまけでしたね。現地に着くと、空港でも、飲食店でも、まずトイレに入ってスマホで写真を撮《と》って、すぐメールで送って……。

佐藤　使命を帯《お》びているとはいえ、怪《あや》しいもんだよね。トイレから〝カシャ〟っていう音が聞こえるわけだから。いつ捕《つか》まってもおかしくなかった（笑）。

春日　結構、便座《べんざ》のない国が多かったなあ。台湾《たいわん》は紙が流せなかったし、中東の国には紙がなかった。

佐藤　下水道が整備されていない国は、紙が流せないんだよね。

春日　バンコクの空港では、清掃《せいそう》状況の評価が入口に表示されていましたね。

佐藤　あれ、いいよね。日本にも少しずつ増えてきているけど。

春日　パリの公衆《こうしゅう》トイレは個室を出た瞬《しゅん》間《かん》に便器も床《ゆか》も自動洗浄《せんじょう》機できれいに

される。だから、いつもトイレはビショビショ（笑）。前の人が出たすぐあとに入ったりしたら、ビショ濡《ぬ》れになる（笑）。

佐藤　ハハハ。日本でも、京都の嵐山《あらしやま》に昔あったな、そういうトイレ。いまはなくなっちゃったけど。

春日　海外の男性用小便器は、鉢《はち》の位置が高いところにあるから使い勝手がいいんだよね。ごみが入らないように配水口に網《あみ》もあるし。

佐藤　ガムとか捨《す》てる人もいるから、配管が詰《つ》まらないようにしているんだよね。網は安いし。

バンコクの空港（タイ）では、トイレの入口に利用者が清掃状況を５段階で評価できるディスプレイが設置されている

写真は春日さん提供

春日　ジャパンは網がないよね。

佐藤　メーカーの人に網のこと言ったことあるけど、日本でつくると何でも高級品になっちゃうらしい。

春日　そうなんだ。あと、シャワーが便器の横に設置されているトイレも結構あった。〝ジャー〟って出るの。もう、すごい勢《いきお》いで（笑）。

佐藤　温水洗浄便座は、もともとは医《い》療《りょう》用から始まったんだよね。自分でお尻《しり》を拭《ふ》けない人などが足でレバーを踏《ふ》んで洗浄できるように。

春日　なるへそ、なるへそ。

佐藤　トイレって、その国や時代の文化が反映されるよね。

平和だから進化するトイレ　二〇二〇年に向けての課題も

佐藤　番組のロケで部族のトイレを撮ってきてくれたこともあったよね。

春日　基本、外《そと》でしたね～。ロシアのネ

ネツ族は何もない雪原《せつげん》で用を足《た》すんだけど、冬はマイナス三〇℃にもなるから、凍《こお》っちゃうわけで。

佐藤 どうやってするのかな。中腰《ちゅうごし》とか？

春日 それしか、ないよなあ。タイのアカ族は一応、便座はあるけど簡易《かんい》的なトイレにバケツで水を流すパターン。

アカ族（タイの山岳民族）のトイレは和式便器によく似ている

ネネツ族（ロシア極北の先住民族）の簡易トイレ

写真は春日さん提供

佐藤　ほぉ〜。

春日　バジャウ族は、基本は水上生活なのよ。それで、（排泄物《はいせつぶつ》は）全部下に落とす、水中に……。それが川まで流れて、わしはその川で子どもたちと遊んでたわけだ（笑）。

佐藤　部族の人たちって、人間の根源的《こんげん》な生活をしているような気がするな。

バジャウ族（フィリピンや東南アジアの海域で暮らす水上生活者）は、床に空けてあるこの穴からいろんなものを下に落とす

写真は春日さん提供

春日　そういう生活においては、トイレは二の次、三の次なんじゃないかな。一応、〝ここでしようぜ〟って決めて。あとは自由というか。

佐藤　そうなると、深刻《しんこく》なのは水不足だよね。あと、衛生環境が悪くて病気になることもあるから、下水道整備が重要になってくるね。日本は一九六四年の東京五輪《オリンピック》のときに急ピッチで下水道が整備されて、そこからどんどんトイレがきれいになっていった。

春日　今度の東京五輪・パラリンピックでは、海外のお客さんをたくさん迎えるわけだから、ちゃんと対策をしないといけないと思いますよ。「便座に立っちゃいけません」という貼《は》り紙するとか。

佐藤　「トイレはここです」っていうマークも、どこの国の人でもわかるようにしないといけないし。日本は空港がきれいで使いやすいから、参考になるんじゃないかな。

春日　いまは高速道路のパーキング（サービスエリア）なんかもすごいよね、ジャパンは。きれい系だよね。

佐藤　ここ十年のことですよ、公共施設《しせつ》のトイレが急激にきれいになってお客さんが増えたのは……。サービスエリアも、「きれいなトイレがあるから、あそこに寄ろうよ」って。そしたら、ついでに買い

ジョホールバル空港（マレーシア）のきれいな洋式トイレ

写真は春日さん提供

物するでしょ。おいしいものもいっぱいあるし。ホテルみたいなところもあるし。

春日　なるへそ～。重要だね、トイレ。

佐藤　国が平和だから、トイレにお金や時間をかけられるっていうのもあるよね。

春日　そうか～。たしかに、余裕《よゆう》がないとね。わしの家のトイレなんて、もう……。

佐藤　ハハハッ。

さぁ、どうする！春日さんちのトイレ

春日　わしんちのトイレは、和式に便座をつけて洋式にしたやつで。

佐藤　いまは最新式のすごいトイレがたくさんあるんだよ。たとえば、トイレに行くだけで健康状態までチェックしてくれたり……。

春日　わしのとこは風呂《ふろ》なしだし……。だからトイレだけ、よくしようとは思わないんだな。

佐藤　生活全体の文化レベルが上がって初めて、トイレもよりよくしようという発想になるわけで……。

春日　まず、「食《く》う」「寝《ね》る」をよくしたい、っていうのが先で。

佐藤　オジさんの場合はね（笑）。そのうち、高級なタワーマンションにでも住むようになったら自然と変わるって。

春日　だけど、トイレの滞在《たいざい》時間って一日にほんの十分くらいでしょ。

佐藤　そんな短い？　逆に、トイレが快適になると長居《ながい》するんじゃない？

春日　そうだな。トイレを先に整備したら、生活の質が変わるかも。でも、わしんちのトイレ、雨漏《あまも》りするしなあ。

佐藤　なんとかしようよ！（笑）。

春日　毎日磨《みが》いてトイレで飯《めし》食えるくらいきれいにしたら、生活もそうだけど、仕事だってすごいことになるかもね。

佐藤　ホント、そうだよ。オジさんはいまも大活躍しているけど、トイレがきれいだったら、どんなすごいことになっていることか。

春日　昼の帯《おび》番組やっているかも!?

佐藤　「カスナンデス」とか（笑）

春日　ハハハ。これからも海外行くからね。ドシドシ写真撮ってくるよ。

佐藤　頼《たの》みますよっ、海外トイレ特派員!!

ルポ 知っておきたい！ 最新事情

サトミツが行く！ショールーム

僕は約十年前からさまざまなショールームにかよって、トイレのことを学んできました。

ショールームは最新型のトイレをたくさん見ることができるだけでなく、最新のトイレ事情についても学ぶことができます。

ショールームは、美しさと快適さを追求したトイレやキッチンなど、さまざまな製品が並《なら》ぶ、まさに夢と癒《いや》しの空間なのです。

LIXIL榎戸工場の敷地内にある「プレゼンテーションルーム」は、一般の方には非公開ですが、今回、特別に読者の皆さまのために取材させていただきました

トイレの進化がわかる！

ショールームに行くと、これまでのトイレの歴史を見ることができます。

かつて、トイレは「これ以上、技術革《かく》新《しん》できない」といわれていましたが、じつは、いまでも進化し続けているのです。

こうしたトイレの進化を見るたびに、日本の〝ものづくり〟への情熱を感じます。

1967年にLIXIL（当時は伊奈製陶）が「紙を使わない夢のトイレ」をめざして開発した初のシャワートイレ

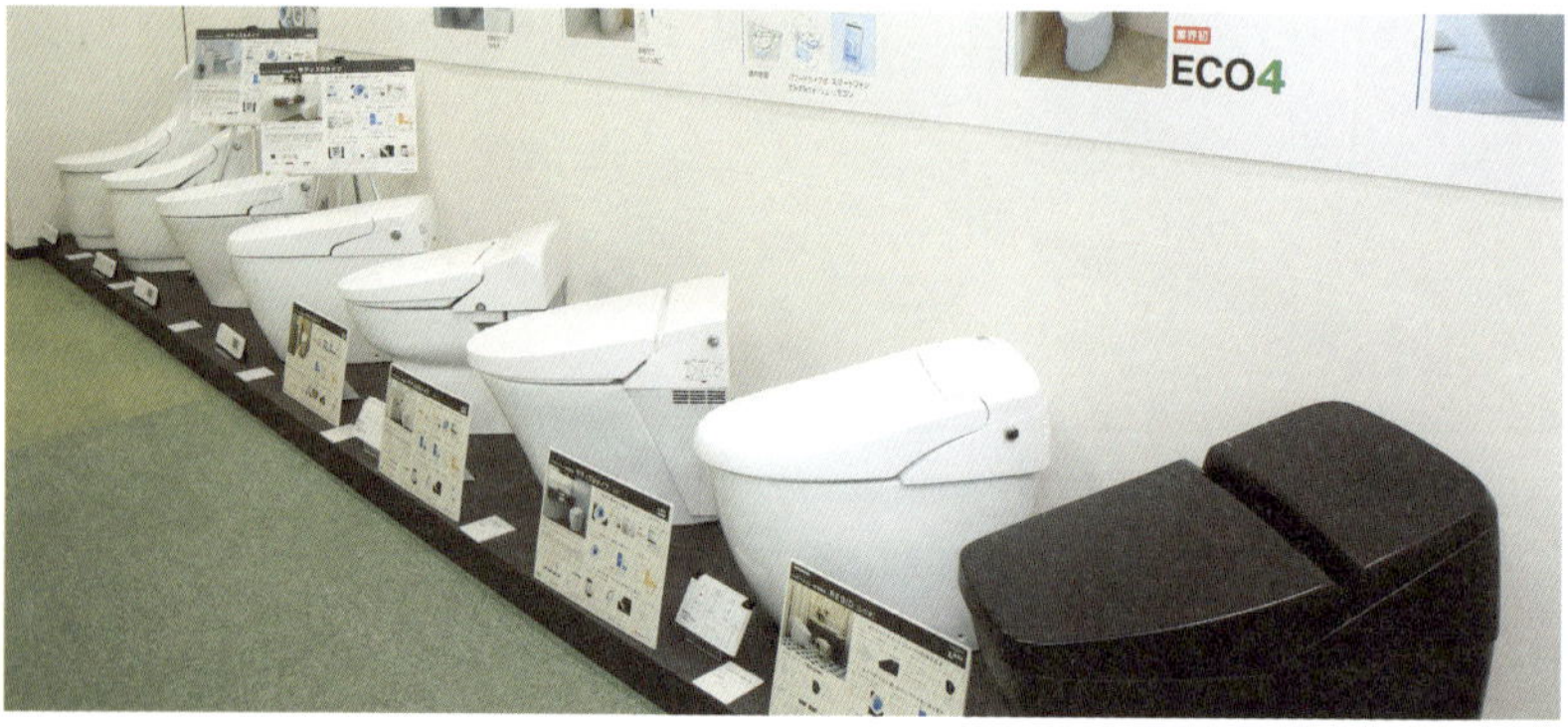

貴重なトイレも展示

二〇一〇年に中国で開催された上海万博《シャンハイばんぱく》において披露《ひろう》され、話題を集めた「金色のトイレ」と「スワロフスキーのトイレ」が展示されているショールームは、まるで高級宝石《ほうせき》店のよう。

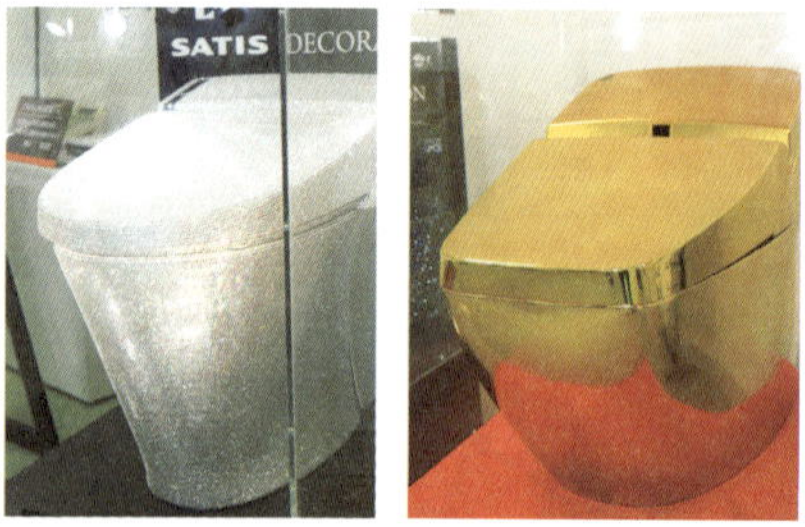

どちらも未販売です

汚れだけじゃない！臭いも菌もシャットアウト！

プラズマクラスター搭載《とうさい》の「鉢内除菌《はちうちじょきん》」なら、フタの裏や便座、ノズルまわりといった見えないところまで二十四時間消臭《しょうしゅう》・除菌ができるから、いつでも清潔《せいけつ》。トイレに臭《にお》いがこもることもありません。

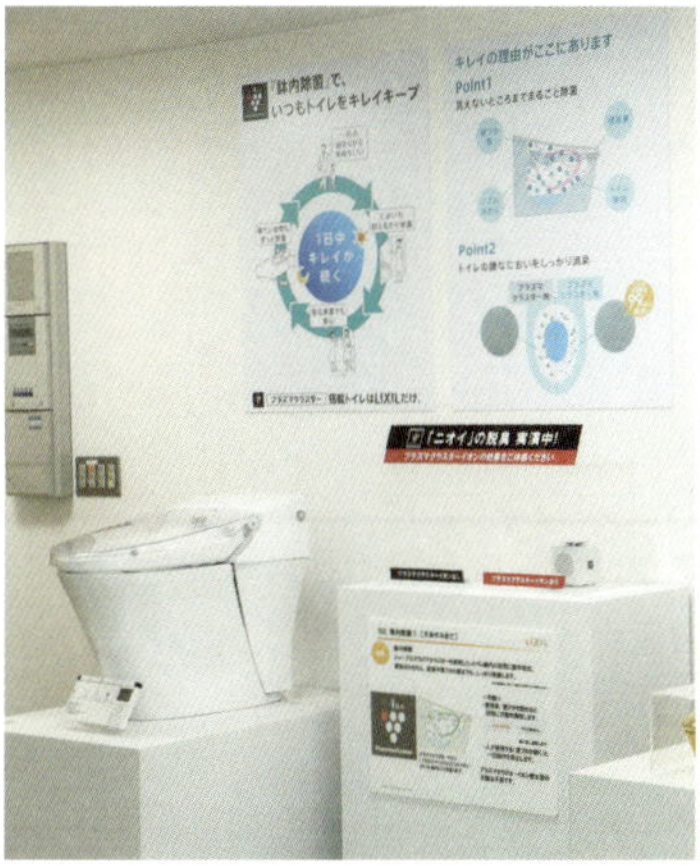

トイレの空間すべてを体感

一見、モダンでおしゃれな壁《かべ》でありながら、臭いや湿気《しっけ》を解消してくれる「エコカラット」は、部屋で焼肉をしても臭いが残らないほど、消臭効果に優《すぐ》れています。ですから、電気やガスなどに頼《たよ》ることなく、快適な空間が保てます。

その理由は、壁材に施《ほどこ》された目に見えない無数の穴《あな》が臭いや湿気を吸収《きゅうしゅう》しているからだとか……。

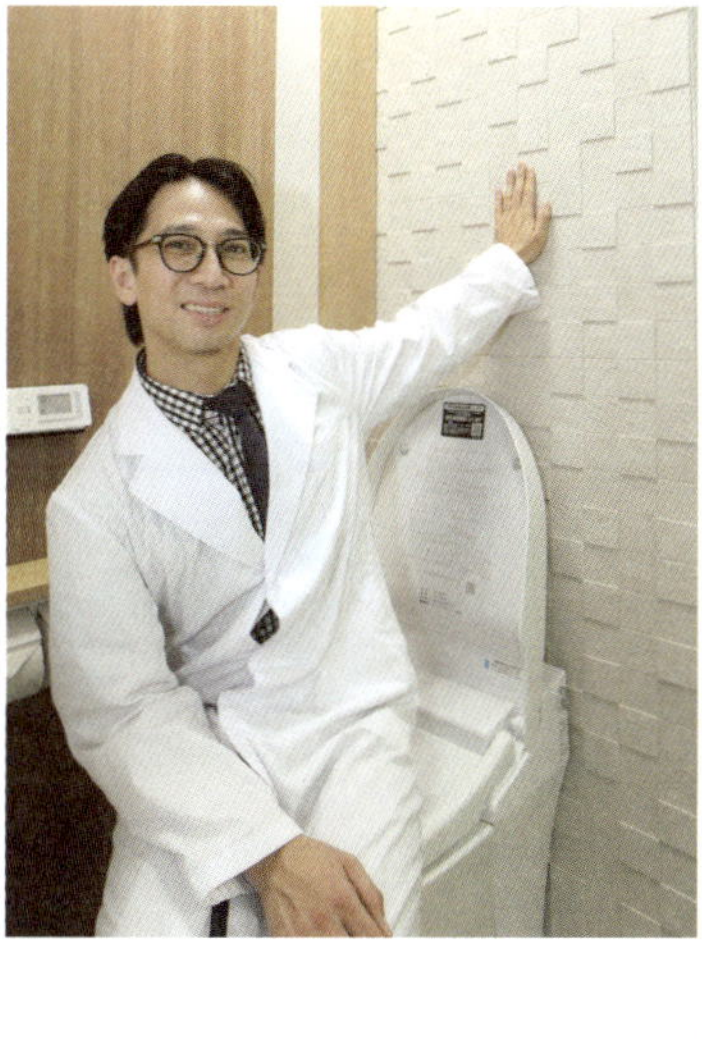

ずっと、きれいが続く！

トイレの汚《よご》れの多くは排泄物《はいせつぶつ》に含まれる油分によるものですが、「アクアセラミック」は超《ちょう》親水性素材を使った陶器《とうき》なので、水を流すたびに陶器についた汚れがはがれ落ち、トイレがきれいになるのです。さらに、水垢《あか》汚れ（さぼったリング）もつきにくいので、きれいな状態が持続します。

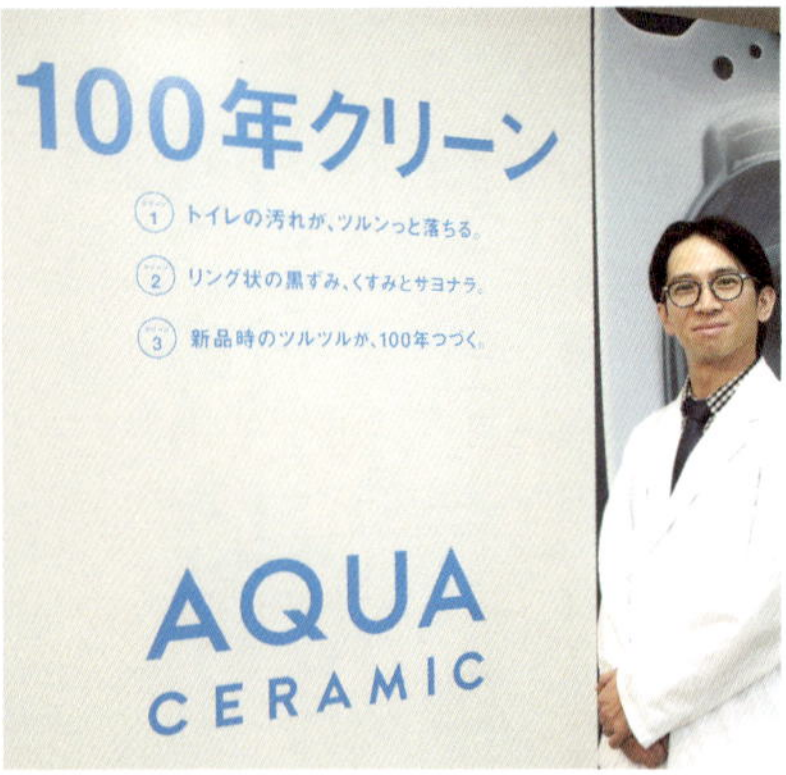

リフトアップで掃除もラクラク

トイレでいちばん気になるのが便座のすきまや継《つ》ぎ目の汚れ。こうした悩みを解消すべく開発されたのが、便座がリフトアップするトイレです。

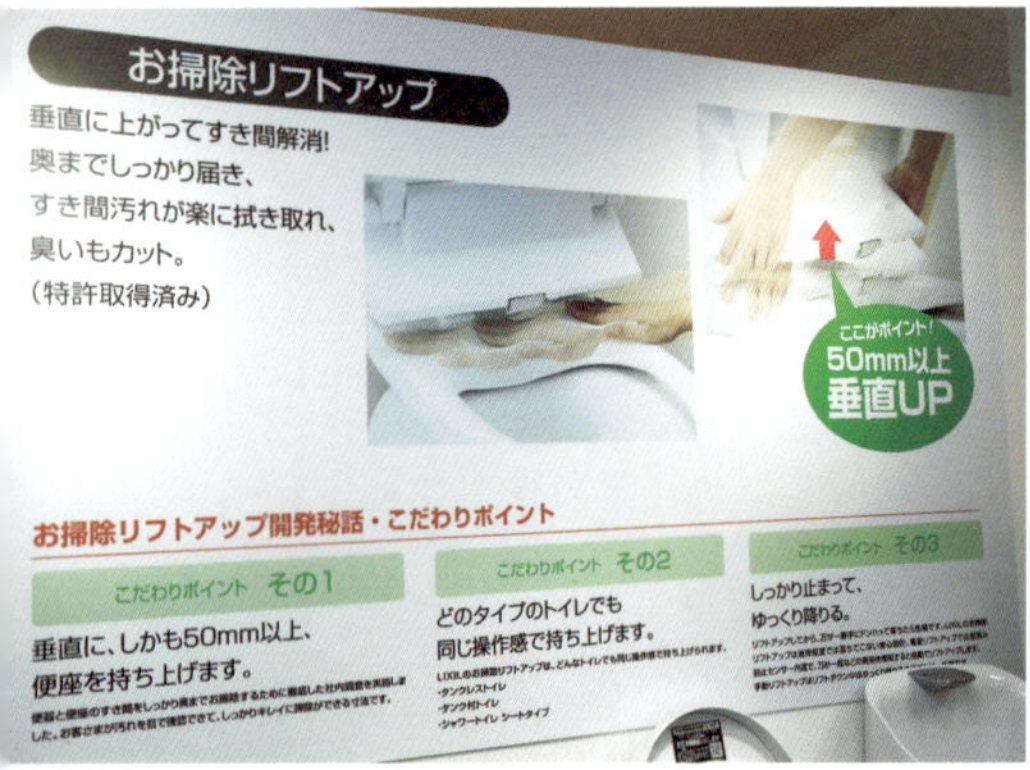

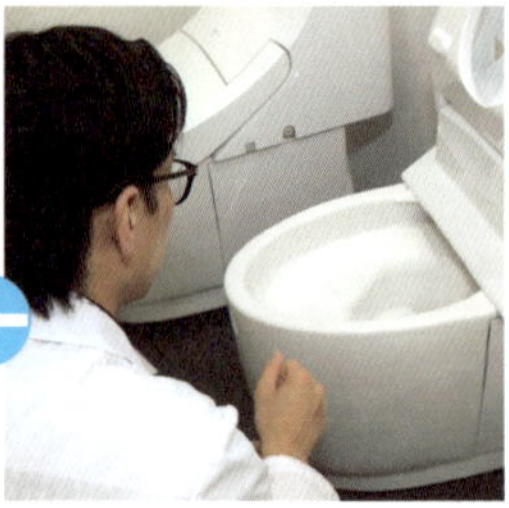

「お掃除リフトアップ」は、リモコンでも手動でも、操作が可能

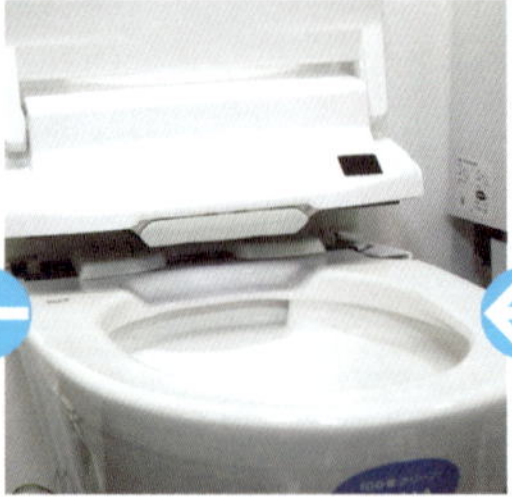

垂直に 5cm、便座がアップ

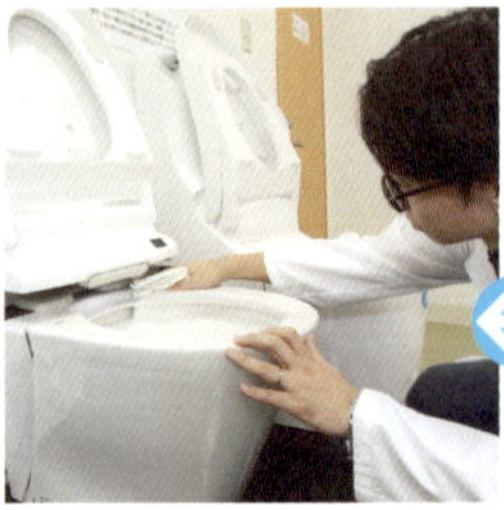

気になる隙間にも手が入るから、掃除がスムーズ

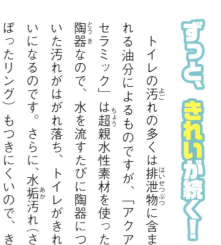

最新の節水技術でパワーストリーム洗浄

アクアセラミックの登場とともに、鉢内をすみずみまで洗う洗浄《せんじょう》方式が発明されました。それが、三つの水流で汚れを落とすパワーストリーム洗浄です。

トイレで使用される水の量は、昔と比べて大幅に少なくなりました。以前は「大」のレバーで水を一回流すと十三〜二十リットルもの水が使用されていましたが、アクアセラミックでは、陶器の表面がつるつるになったことで、結果的に水の使用量も減少。なんと一回流したときの水の量を四リットルにまで減らすことができたのです。

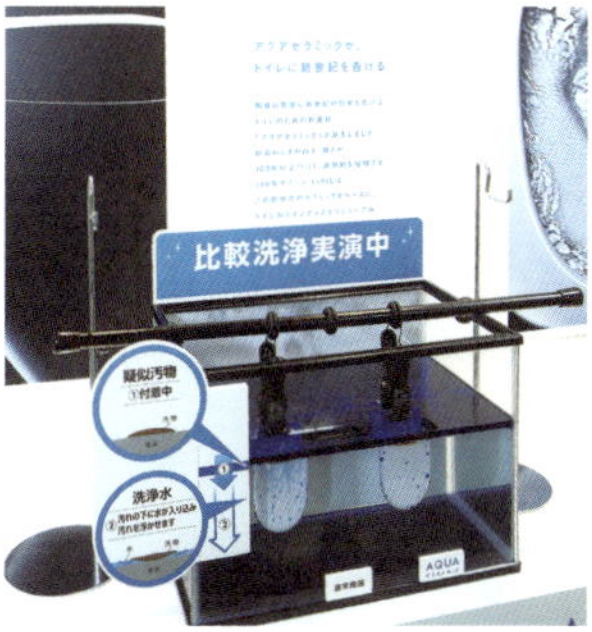

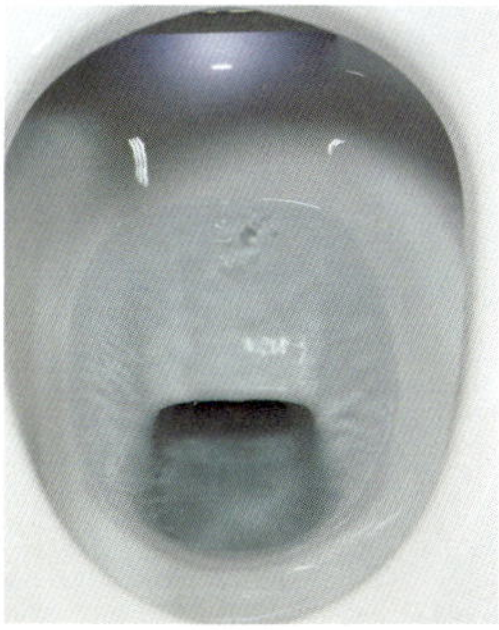

「100年クリーン」をコンセプトにした最新型トイレは、つるつる感が100年以上続くというものです

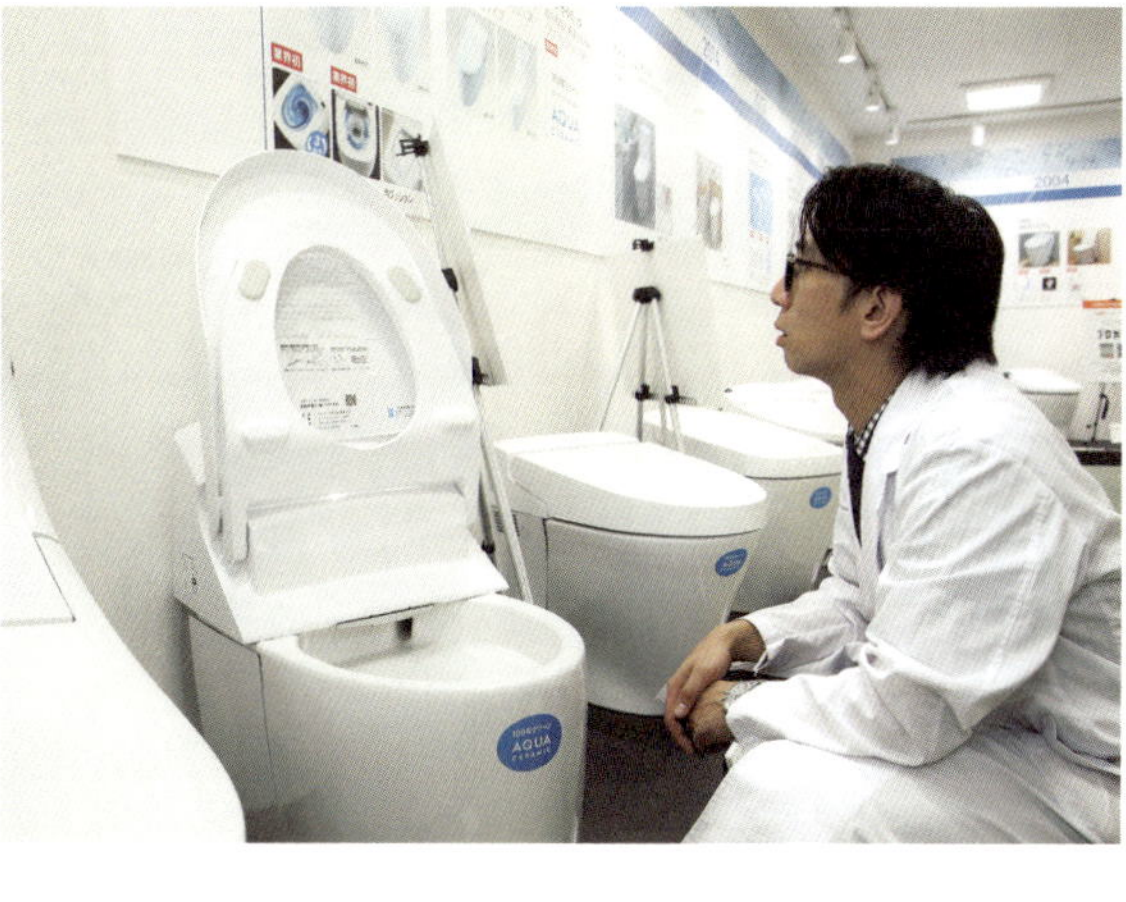

洗浄力と節水に優れたパワーストリーム洗浄。世界の水不足が解決されるかも……

まだまだ語りたい！ トイレの魅力

健康チェック

スマホのアプリを使えば、トイレに入るたびに便の色や形、回数などを記録して健康チェックをすることも可能。また、水道料金や電気料金などから、「今月のトイレ使用料金」もわかり、家計の管理にも役立ちます。

収納スペースと一体化

タンクや給水管がキャビネットに隠《かく》れているうえ、掃除《そうじ》道具やトイレットペーパーも収納《しゅうのう》できるから、トイレが広々すっきりして、ぐんと使いやすくなりました。

榎戸《えのきど》工場のプレゼンテーションルームの前には「LIXIL」の前身である「INAX」の文字がミニチュアトイレでかたどられたオブジェがあり、テンション急上昇！

協力／LIXIL 榎戸工場プレゼンテーションルーム（一般非公開）

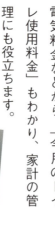

第3章

ピカピカトイレは一日にしてならず

トイレ掃除男子

皆さんのご家庭では、主にだれが家の掃除《そうじ》を担《にな》っていますか。

昔の日本では一般的に、家の掃除は女性の仕事とされてきましたが、近年は共働きの家庭が多くなり、男性もその役割を担うようになっています。

そういった状況にあって、僕は「男性の皆さん、いまこそもっと掃除をしよう！」と提案《ていあん》したいのです。

なぜ男性なのか――。その理由を、掃除のなかで僕がもっとも得意な「トイレ掃除」を例にご説明させていただきます。

たとえば、トイレの便器についた「尿《にょう》石《せき》」と呼ばれる汚《よご》れ。ゴシゴシとこするだけではなかなか落ちず、時間と労力ばかりが費《つい》やされてしまいます。ところが、この汚れは「アルカリ性」ですので、「酸《さん》性」の洗剤《せんざい》を使えば、あっという間に落ちるのです。

このように、汚れの成分や汚れへの対処法《たいしょほう》を知っていると、「この汚れにはこの洗剤、この素材にはこの布」といった要領《ようりょう》で、掃除がどんどんはかどるようになります。

そして、このような成分や対処法といった、ある意味で非常に〝理屈《りくつ》っぽいこと〟は、女性よりも男性のほうが〝得意〟だと思います。

ちなみに「トイレクリーンマイスター」(※)という資格を所持している僕は、トイレの掃除法などを人々にお話しする機会があるのですが、こういった話はやはり、女性よりも男性のほうが興味を持って聴いてくれます。

僕は、掃除全般の理論はトイレ掃除に集約されており、トイレ掃除をマスターした人は、そのほかの掃除も難《なん》なくできるようになると考えています。

ですから、掃除に興味をお持ちの男性の皆さん！　ぜひ、トイレ掃除から始めてみてください。そして女性の皆さんはぜひ、この本を旦那《だんな》さんや彼氏に読んでもらってください。

今後、トイレ掃除が大好きな「トイレ掃除男子」がもっと増えることを期待しています。

※トイレの日常清掃のテクニックをマスターした人に与えられるアメニティネットワークの制度

トイレを清潔に

本書の「第一章」でも触《ふ》れましたが、これまでトイレは４Ｋ（暗《くら》い、汚《きたな》い、怖《こわ》い、臭《くさ》い）といわれてきました。これに「壊《こわ》れている」が加わって「５Ｋ」になることもあります。

僕はトイレから、この〝５Ｋのイメージ〟をなくしたいと考えています。トイレは、清《せい》潔《けつ》（ｃｌｅａｎ）で、かつ気分を変えること（ｃｈａｎｇｅ）ができる場所であるべきだと思います。ですから本当は「2C」であってほしいのです。いや、Cが二つしかないのは寂《さび》しいので（笑）、今後、新たなCを加えていきたいな、とも考えています。

5Kのトイレでは、落書《らくが》きを目にすることもよくあります。ある調査によると、約五パーセントの人がトイレに落書きをしたことがあるそうです。僕は、この数値を少しでも下げたいと考えています。

皆さんは「ブロークン・ウインドウ理論《りろん》」（割《わ》れ窓《まど》理論）をご存じですか。これは、アメリカの犯罪学者ジョージ・ケリング氏が提唱《ていしょう》したものので、「建物などの窓ガラスを割れた状態のままで放置しておくと、その建物にはだれも注意を払《はら》っていないと認識されるようになり、やがて、ほかの窓ガラスも壊されるようになる」という考え方です。

これはトイレの落書きにも当てはまります。だれかが一つ目の落書きをすると、その後、落書きが増えていくのです。であれば、一つ目の落書きを防《ふせ》ぐことができれば、落書きの数を大きく減らすことができるのではないでしょうか。

じつは、便器の汚れも同様です。便器に一つ、水垢《みずあか》や尿石《にょうせき》などの汚れがつくと、瞬《また》く間《ま》にその汚れのうえに別の汚れが積み重なっていきます。

落書きも便器の汚れも、一つ目をつけないように、日々の清掃を心がけていきましょう。もし、一つでも落書きを見つけたら、消せる範囲でぜひ消してください。その行動が、次の落書きを防ぐことになります。また便器に一つ目の汚れを発見したら、すぐに掃除しましょう。そうすることで、次の汚れがつきにくくなるのです。

「Toilet in Nature」
（千葉県市原市）

小湊鉄道《こみなとてつどう》・飯給《いたぶ》駅に隣接する、広くて開放的なトイレは、世界的な建築家である藤本壮介氏によるアート作品。広さ約200㎡という大きな敷地《しきち》に、かわいくトイレさんがちょこんとあり、外の景色も楽しめる女性専用の大きな公衆《こうしゅう》トイレです。

藤本氏は、最初にこの場所を見たときに〝自然のなかのトイレ〟というコンセプトが浮《う》かんだそうです。

ちなみに、男女兼用のトイレはこの外にちゃんとありますので、男性もご安心を！

所在地：千葉県市原市飯給 941−1

サトミツおすすめ！Toilet

春には梅や桜、菜の花が咲き薫る場所に設置されたトイレ

四季折々の景色とローカル電車のコラボが楽しめる

なでるように、やさしく磨く

現在、最新式のトイレには、トイレをきれいな状態で保つためのさまざまな技術が用いられています。その最《さい》たるものの一つが、便器表面のコーティング加工です。表面をコーティング加工することで、表面に汚物《おぶつ》の汚《よご》れがつきにくくなり、最小限の水量で汚物を流せるようになっています。

そのうえでＴＯＴＯ株式会社や株式会社

ＬＩＸＩＬなど多くのトイレメーカーは、便器をきれいに保つための独自の技術を数多く開発しています。

たとえば、ＴＯＴＯが独自開発したのは「セフィオンテクト加工」。従来《じゅうらい》の便器には、その表面に肉眼《にくがん》では見えない小さな凹凸《おうとつ》があり、この凹凸のくぼみに細かい汚れが残っていました。そこでＴＯＴＯはこの表面を一〇〇万分の一ミリのナノレベルで仕上げ、汚れをつきにくく、落としやすくしたのです。

一方、ＬＩＸＩＬは新技術「アクアセラミック」

を開発しました。便器に便の汚れがつく大きな原因は、便のなかに含《ふく》まれる油分です。この「アクアセラミック」は、陶器《とうき》と便の汚れの間に水を入り込ませ、水が持つ〝油と反発し合う〟性質を利用して、汚れを浮《う》かび上がらせるという画期的《かっきてき》な技術なのです。

ところが、このような新技術がトイレに用いられているにもかかわらず、トイレの正しい掃除方法は、あまり知られていません。便器についた汚れを落とそうと、便器をゴシゴシと磨《みが》きがちですが、便器の表面がツルツルであれば、なるべく柔《やわ》らかいブラシで、なでるようにやさしく磨くことが大切です。

もし、ご家庭のトイレにコーティングが施《ほどこ》されていないと感じたときは、スタンプ型のクリーナーを使うのはいかがでしょうか。このクリーナーを使うと、洗剤の成分によって表面がツルツルになり、汚物がつきにくくなるからです。

ぜひ一度、ご自宅のトイレの表面を観察してみてください。思っていたよりも、表面がツルツルしていて、輝《かがや》いているかもしれませんよ。

便座カバーをつけていますか？

温水洗浄《せんじょう》便座や暖房《だんぼう》便座は、ここ数年で加速度的に普及《ふきゅう》しました。累計《るいけい》販売台数が三〇〇〇万台を超えたTOTO株式会社の「ウォシュレット」をはじめ、各社の秀逸《しゅういつ》な作品たちが、家庭のトイレをより便利で、より快適にしています。

寒い日に、温かい便座に座《すわ》って、ほっと一息ついている人も多いのではないでしょうか。

ところで皆さんのご家庭では、温水洗浄便座や暖房便座に便座カバーをつけていますか？

せっかくの温かい便座なので、あえて便座カバーをつけずに使っている方も多いと思います。

便座カバーをつけるかつけないかは、ユーザーによって意見の分かれるところです。どちらも間違《まちが》いではありませんが、ここではカバーをつける効果をお伝えしたいと思います。

カバーをつけ、そのカバーを定期的に洗濯《せんたく》することで、便座自体への直接の汚れがつきにくくなり、便座を清潔に保つことができます。また、カバーをつけることで、便座からの放熱《ほうねつ》が抑《おさ》えられ、結果的に便座の温度を保つための電力を抑えることもできるのです。

ちなみにトイレを使用しないときに便座のふたを閉《し》めておくと、それだけで、ふたを開けたままの状態にしておくよりも、一〇パーセントほど節電できるといわれています。

トイレの進化にともない、新たな課題も生まれています。それらの課題を解決し、トイレをこれからも快適な空間とするためには、トイレのことはもちろん、トイレに関係するさまざまなことを知っておくことが大切だと思います。

トイレはいまや、用を足《た》すためだけの陶器ではなく、ある意味で立派《りっぱ》な家電といえるでしょう。

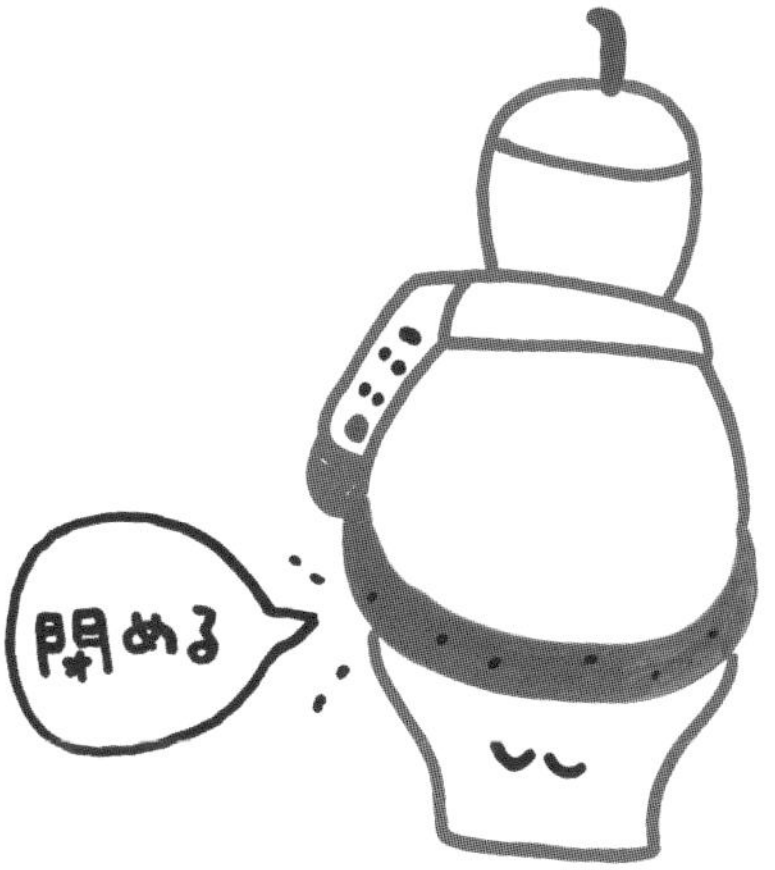

トイレの詰まりを解消する

皆さんは、トイレ(便器)にトイレットペーパーを大量に流してしまったり、異物《いぶつ》を落としたりして、トイレを詰《つ》まらせた経験はありませんか。またトイレが詰まったときには、どのように対処していますか。

当然のことですが、排泄物《はいせつぶつ》を流すトイレには雑菌《ざっきん》が滞留《たいりゅう》しやすいため、素手《すで》で対処《たいしょ》するのは望ましくありません。トイレを直接触《さわ》るときには、ビニール手袋をご使用ください。

また、トイレが詰まってしまったときは、焦《あせ》って業者を呼ぶのではなく、まずはラバーカップを使いましょう。

ラバーカップとは、「スッポン」と呼ばれている、ゴム製の半円に取っ手がついたもののことです。トイレの排水口にラバーカップを密着《みっちゃく》させ、押《お》しつけることで、ラバーカップ内から空気が押し出されます。そして、その状態からラバーカップを上方向に強く引っ張ることで、その圧力によって異物《いぶつ》が吸引《きゅういん》されるのです。

ラバーカップをうまく使用するポイントは、「ゆっくり押《お》し当てて、早く引き上げる」ことです。ラバーカップには和式用と洋式用がありますので、ご注意ください。

また真空《しんくう》式パイプクリーナーという、ラバーカップよりも少し高価な道具もあります。プロレス技の〝雪崩《なだれ》式ブレーンバスター〟のような名称ですが（笑）、ラバーカップよりも真空状態をつくりやすく、圧力も強いため、さらに詰まりが取れやすいのです。

そして、ラバーカップや真空式パイプクリーナーを使う際は、あらかじめ床《ゆか》にビニールシートを敷《し》いておくことをおすすめします。というのも、詰まりを解消した際に水がはね上がる危険性があるからです。

ちなみに、異物がトイレットペーパーなどの柔《やわ》らかいもので、ラバーカップや真空式パイプクリーナーが身近にないときは、重曹《じゅうそう》＋クエン酸などでその異物を溶《と》かすのも、一つの方法です。

目黒雅叙園《がじょえん》

（東京・目黒）

目黒駅からほど近く、歴史のある総合結婚式場「目黒雅叙園」。1階奥の再現化粧室《けしょうしつ》は、だれでも利用できます。

化粧室の入口を入ると、小川が流れ、朱塗りの太鼓橋《たいこばし》が架《か》かっているなど、まるで庭園のようなつくり。圧倒されながら個室の扉を開《あ》け、座ってふと見上げれば、なんと金色の天井《てんじょう》に美人画が！　さらに、純和風の棚が備えつけられており、その豪華絢爛《ごうかけんらん》ぶりには驚嘆《きょうたん》します。

とても風情《ふぜい》があるので、外国の方にも、きっと喜んでもらえること間違いなし。都会で一人、心を落ち着かせるには、もってこいの場所です。

所在地：東京都目黒区下目黒 1-8-1

サトミツおすすめ！Toilet

右側がパウダースペース、太鼓橋を渡ると奥が個室

再現化粧室入口の壁を飾るのは、一流の美術品

Lesson

トイレクリーンマイスター佐藤が教える

正しいトイレ掃除方法

「トイレ掃除《そうじ》」って、やっているけどやり方が合っているかわからない！　そんな人も多いと思います。

たしかにトイレ掃除のやり方なんて、だれかに教わるものではなく、なんとなく雰囲気《ふんいき》でやっていることでしょう。

しかし、それでは効率が悪すぎます！

きれいになるものもなりません。

そこで、トイレクリーンマイスター佐藤が正しいトイレ掃除の方法を、皆さんにお伝えしましょう。

●用意するもの●

セスキ炭酸ソーダ　中性洗剤　酸性洗剤

ブラシ（できるだけ柔らかいもの）

ぞうきん　4枚　ゴム手袋　マスク

手順1　まずは換気扇をきれいにします。

トイレはとにかく空気を滞留《たいりゅう》させないことが大事なので、換気《かんき》扇《せん》はなるべくつけておきたい。しかし！　その換気扇自体に、ほこりがべっとりついていることも少なくありません。

まずは換気扇を拭《ふ》きましょう。汚れがひどければ、外《はず》して中性洗剤で洗ってください。

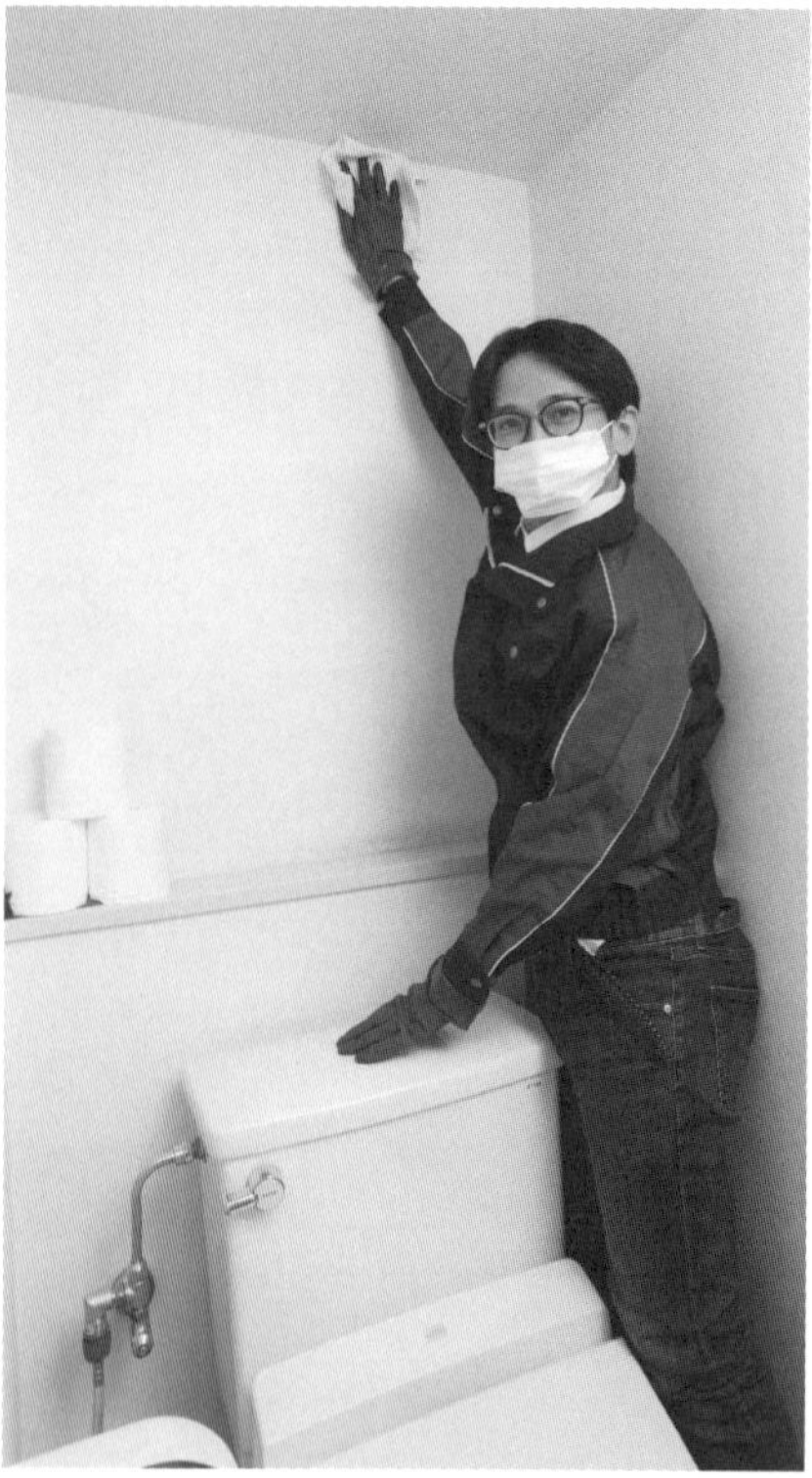

手順2 次に壁です。

掃除全般にいえることですが、上から下に掃除していくことが基本となります。

用意したぞうきんの１枚に少しだけセスキ炭酸ソーダをつけて、上から拭いていきます。

壁《かべ》には飛び散った尿《にょう》やほこり、たまにカビなどの汚れがあります。

まずは物理的に目に見えるものから落としていきましょう。

上から下まで拭き上げてください。この際、あまり水分をつけたもので拭いてしまうと、湿度が上がりすぎてカビが生《は》える原因にもなりますので、ご注意を。

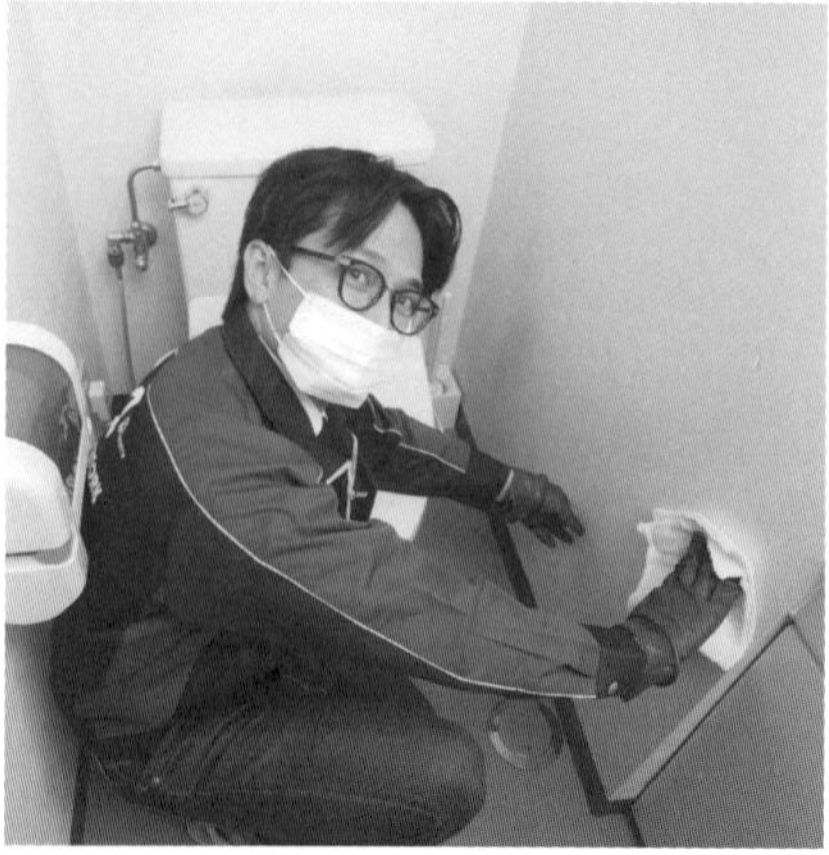

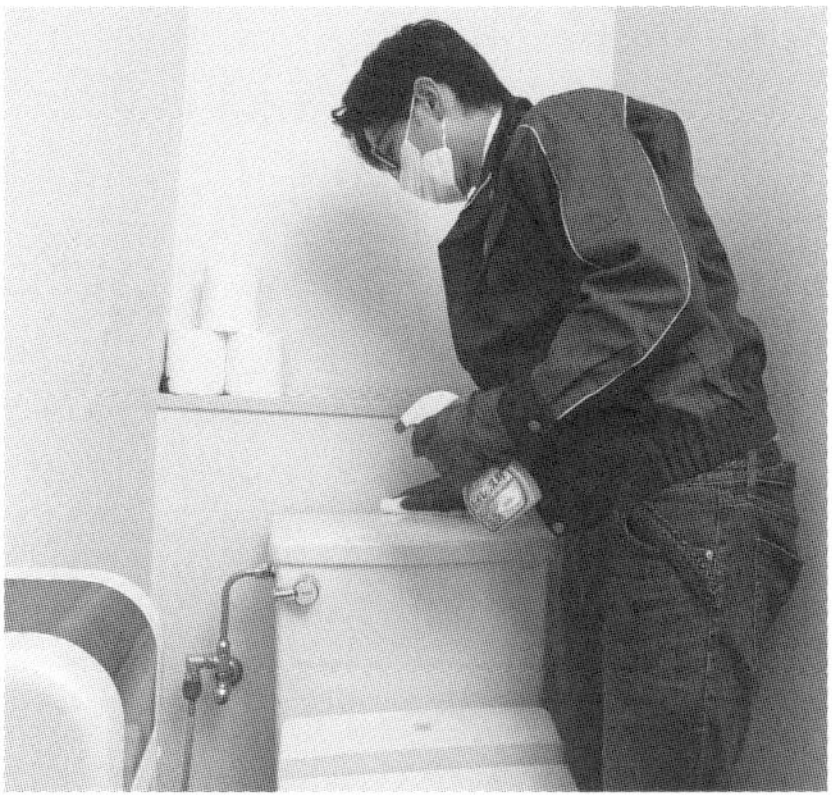

手順3 続いて、タンクを掃除します。

（タンクレスタイプの場合、ここはスルーでＯＫ）

ここでは、もう１枚のぞうきんを使います。汚れがひどい場合は、中性洗剤をつけてもいいです。

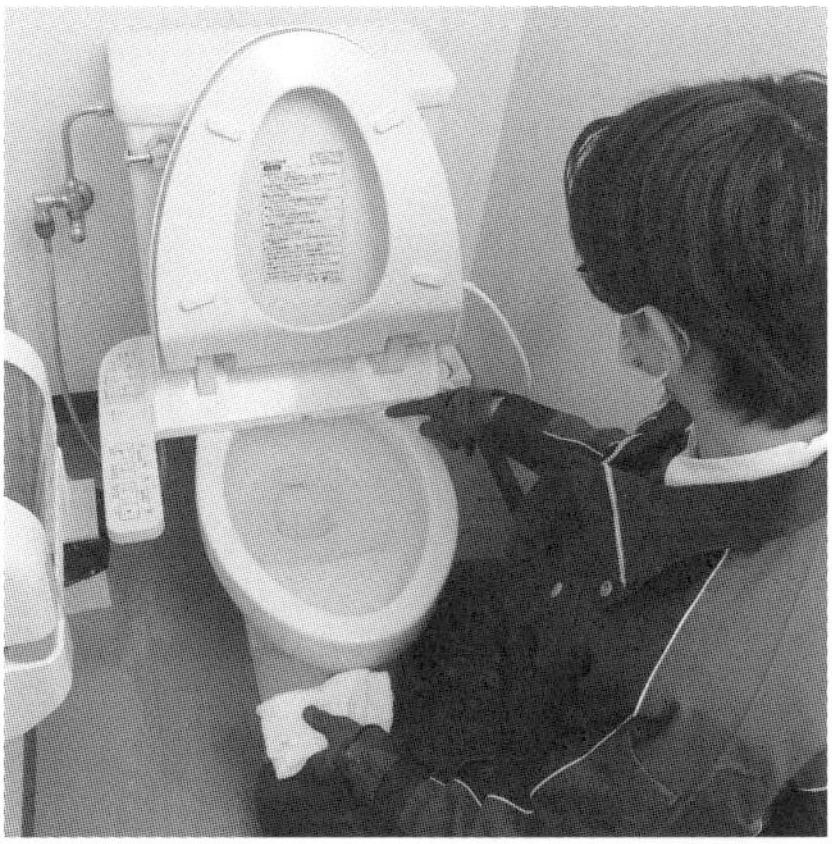

手順4 別のぞうきんで便座を拭きます。

この際、便器と便座の接合部やフィルターなどもチェックしてください。

温水洗浄《せんじょう》便座の脱臭《だっしゅう》フィルターは目詰まりしていることが多く、脱臭フィルターが悪臭の原因になるなんてこともあります。

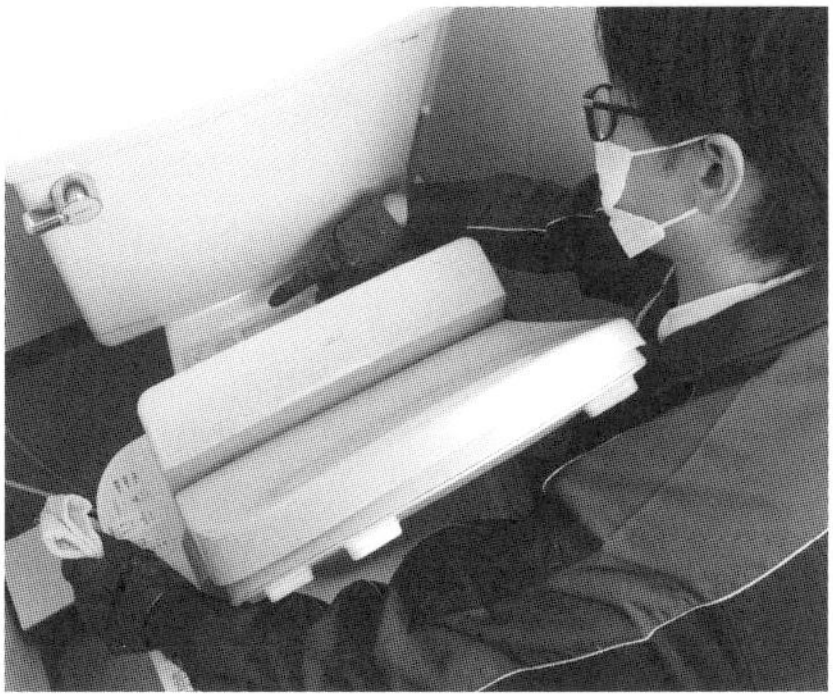

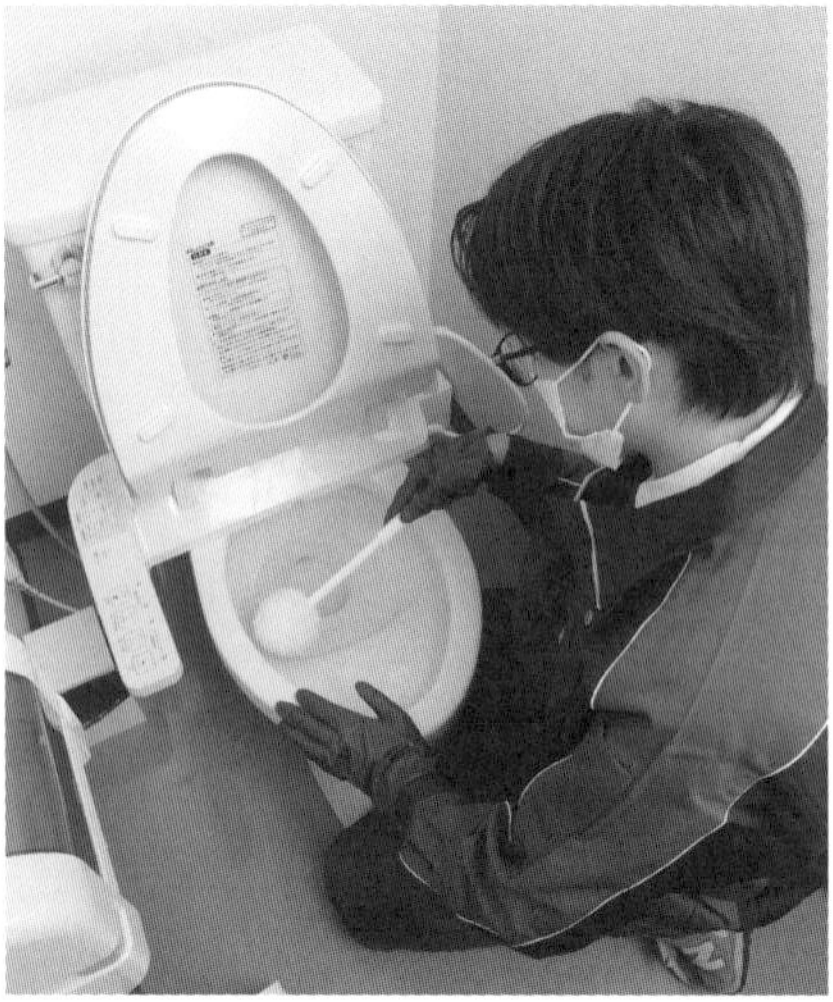

手順5 いよいよ便器です。

便座を掃除する際は、なるべく柔《やわ》らかいブラシを使ってください。

最近の便器は陶器《とうき》自体がツルツルになっているので、表面を傷《きず》つけないことが大事です。柔らかいブラシでやさしくなでてあげてください。

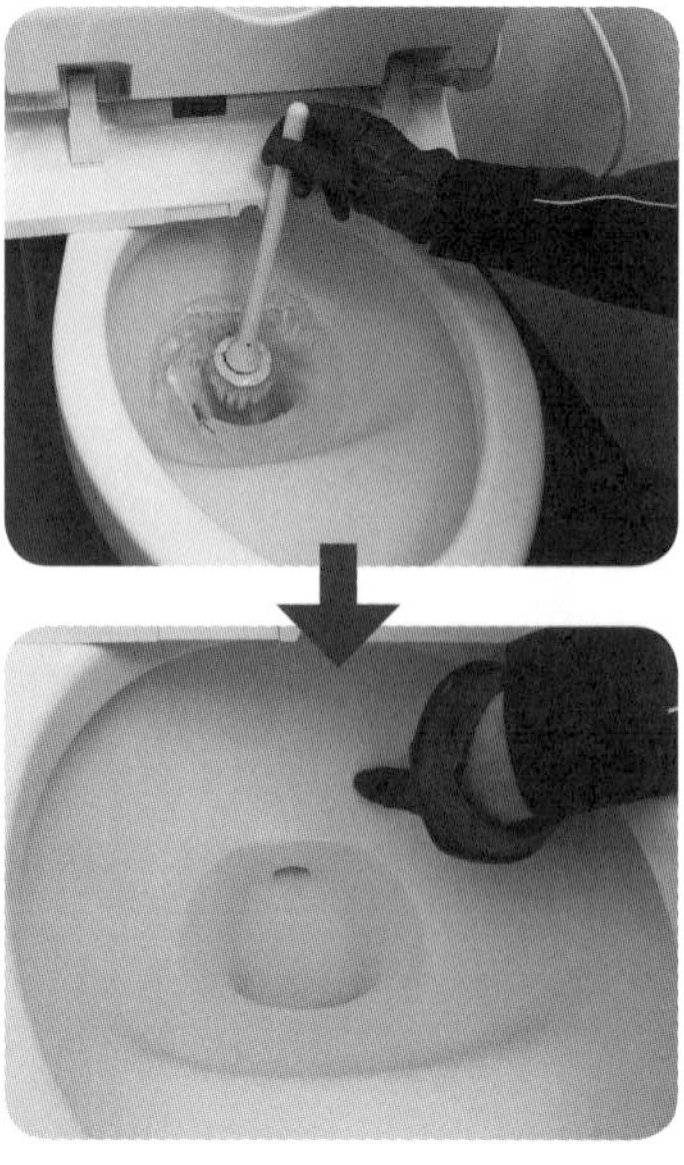

便器の中を掃除する際は水位を下げることもテクニックの１つです。

ブラシで水面を下に向けてトントントントンと叩《たた》くと、水位が下がってくるので、掃除がしやすくなります。だれでもできるので、やってみてください。

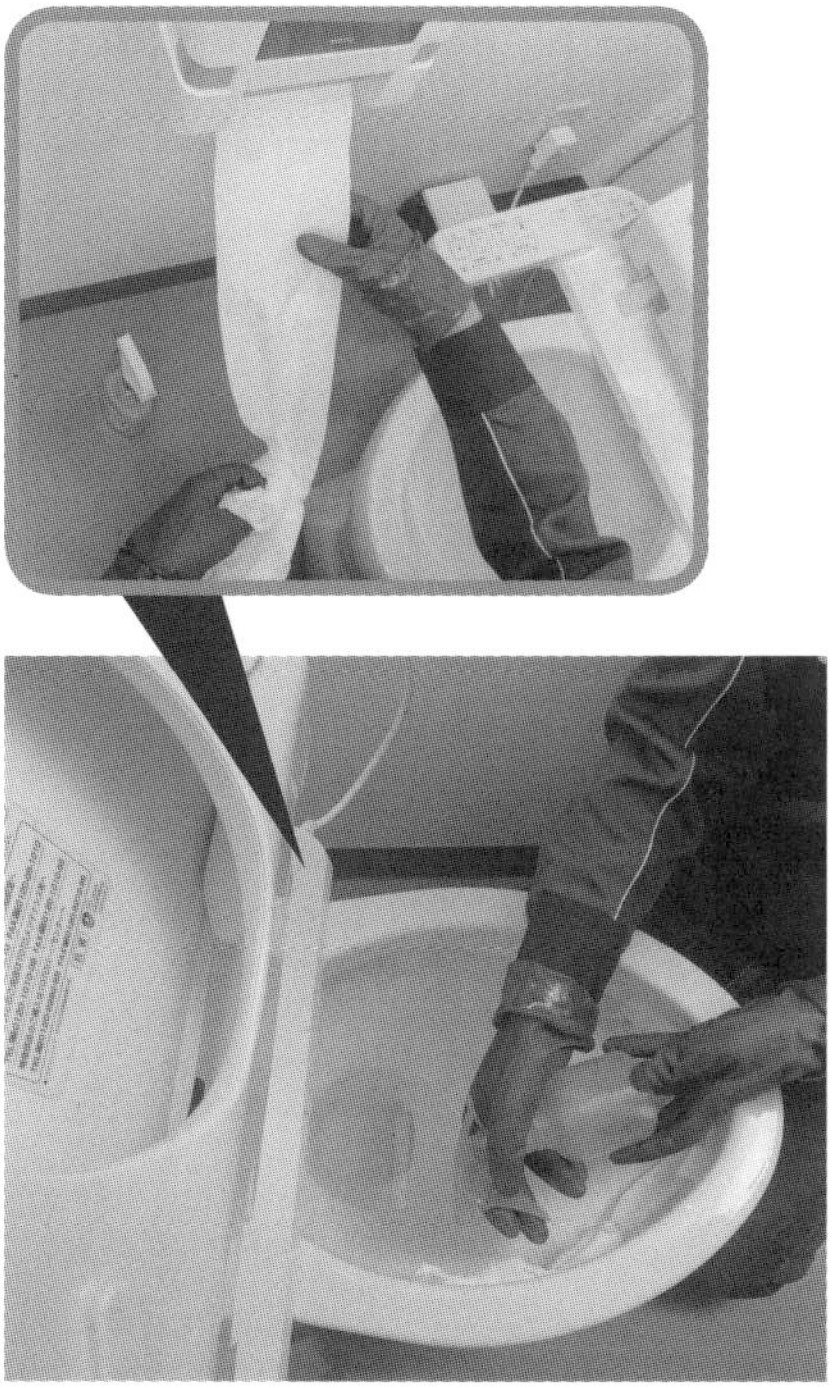

そして！

便器はとにかくフチ裏《うら》の汚れが大変です。

尿石《にょうせき》と呼ばれる茶色い塊《かたまり》があるときは、トイレットペーパーをまずフチ裏に這《は》わせて、そこに酸性の洗剤をまいていきます。

尿石はアルカリ性の汚れなので酸性の洗剤でよく落ちます。

液ダレしないようにトイレットペーパーにしみこませて、湿布《しっぷ》するようなイメージです。

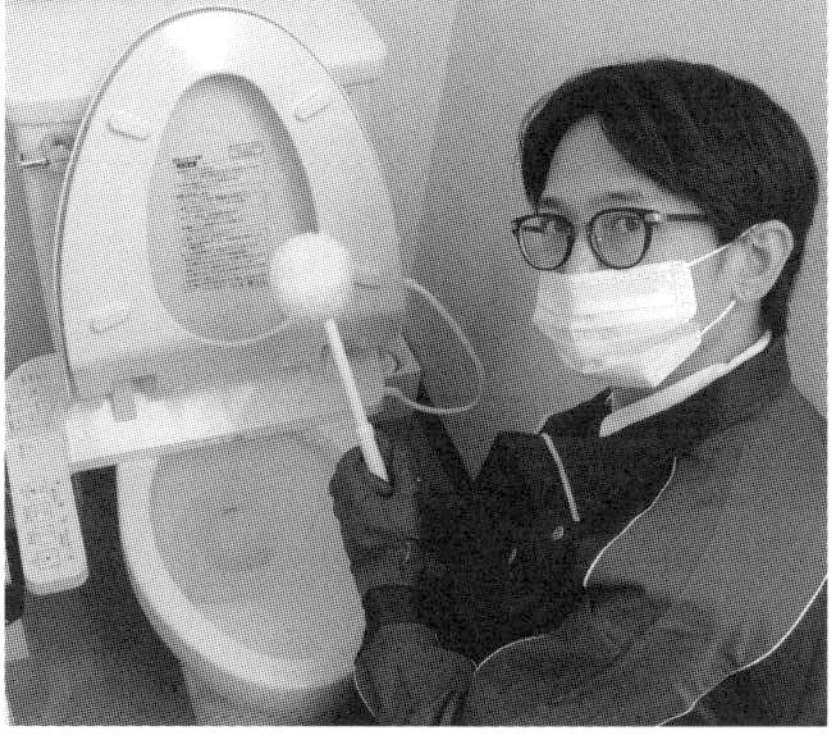

そのまま 30 分〜 1 時間ほど置いたらトイレットペーパーを流して、ブラシで拭いてみましょう。おそらく、かなりきれいになっているはずです。

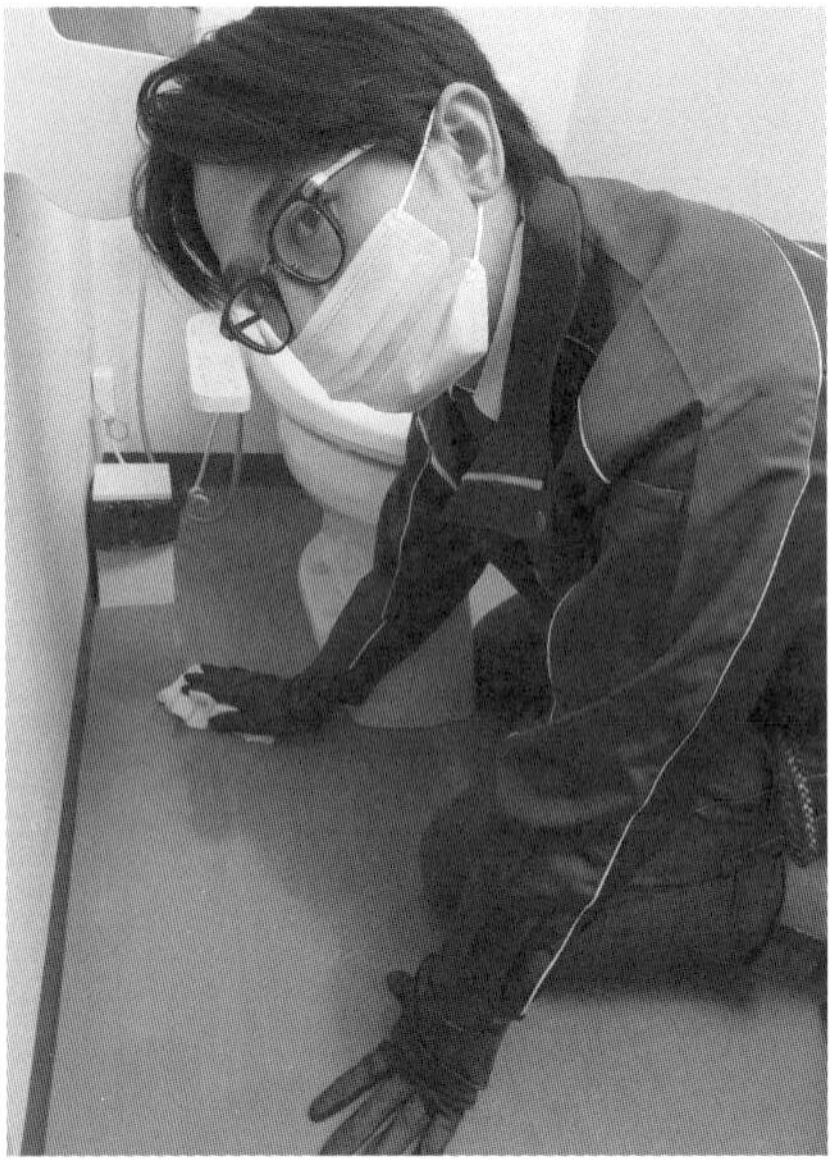

手順6 仕上げに床を磨きます。

最後に、先ほど壁を拭いたぞうきんで、床《ゆか》を拭きあげて終了です。

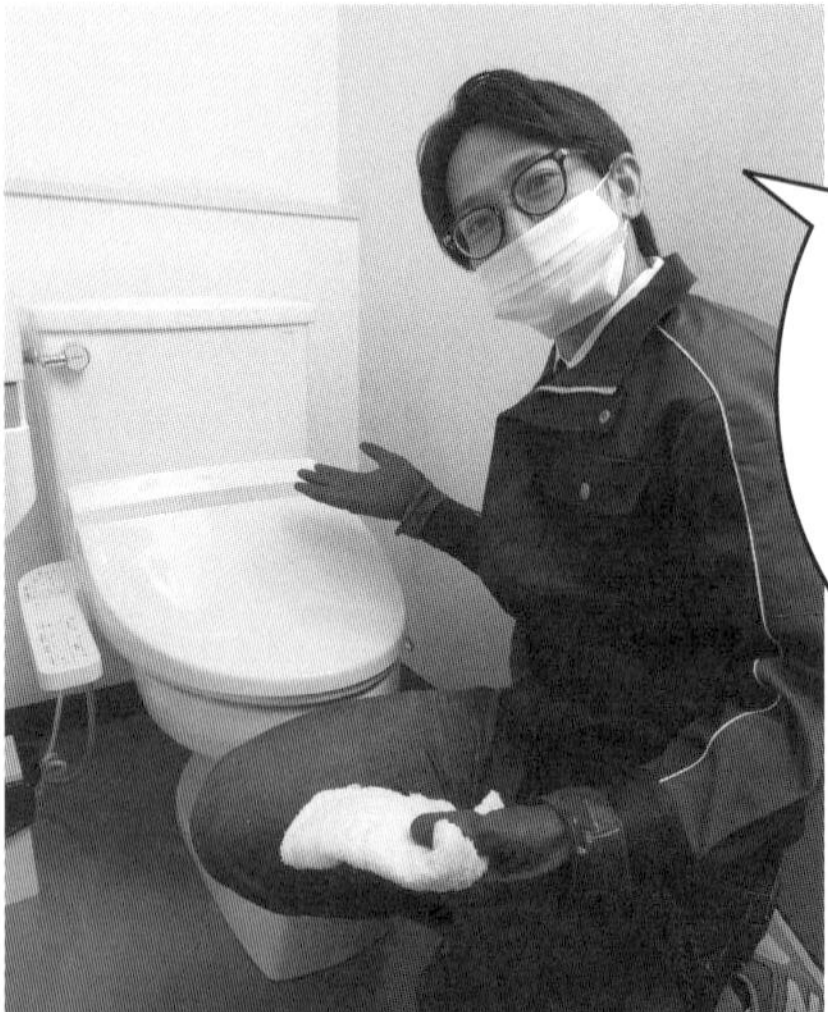

いかがだったでしょうか？
これを週に一回できれば、かなりきれいなまま、キープできるはずです。
掃除の鉄則は「二つ目の汚れをつけない」ことが大事です。
ぜひ、挑戦してみてください！

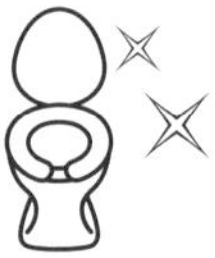

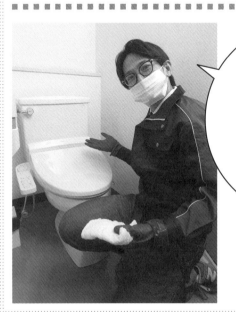

Talk Stage Part.2

トイレ掃除が大好きなんです！

佐藤満春×松井絵里奈さん

まつい・えりな●奈良県出身。現在、タレントとしてバラエティー番組などに出演するほか、歌手としてライブ活動なども展開中。

松井絵里奈　私は子どものころからトイレ掃除《そうじ》がすごく好きなんです。

佐藤満春　トイレ掃除は嫌《いや》がる人が多いのに、すばらしいですね！　なにかきっかけがあったのですか？

松井　私がトイレ掃除を好きになったのは、祖母の影響《えいきょう》なんです。祖母はいつも、朝いちばんにトイレ掃除をしていました。「トイレとキッチンは、舐《な》めてもいいくらいピカピカにしなさい」と言っていました。

佐藤　おばあさまの掃除に対する姿勢《しせい》と、その心に感動です。トイレに限らず、掃除は朝いちばんにするのがいいんですよね。日中は人の移動が活発なので空気中にホコリが舞《ま》っていますが、夜は床《ゆか》に落ちています。だから、朝いちばんの掃除は理《り》にかなっているんですよ。

松井　なるほど！

佐藤　トイレ掃除にも合理的な方法やコツがたくさんあります。でも、子どもがトイレ掃除の方法を教えてもらえる機会って、ほとんどないんです。松井さんのように、ご家族から教えてもらえるのが理想的なんですが……。

日本の最新式トイレは世界のトップレベル

松井　海外に行くと、日本のトイレのすばらしさを実感します。日本のトイレは便座のフタが自動で開いて、便座もきれいで温かいですよね。それに水も自動で流れるし……。

佐藤　男性は立っておしっこをする人が多いから、便器やそのまわりを汚《よご》しやすいですよね。

松井　たしかに、男性が使用した後のトイレは、すごいときがありますね（笑）。

佐藤　実際にどれくらい汚れるのかを知りたくて、実験したことがあるんです。自宅で一度、全裸《ぜんら》の状態でおしっこをして、どこまではねているのかを調べてみました。

松井　全裸で!?（笑）。

佐藤　そうしたら何と、目線の高さまではねていることがわかったんです。ということは、普段は壁《かべ》や床はもちろん、自分の服にもおしっこがついていることになりますよね。

松井　ワーン（泣）。できればみんな、座《すわ》ってしてほしい（笑）。

佐藤　そのせいか、最近は男性でも座っておしっこをする人が増えています。とはいえ、「立ってするのは、ゆずれない」という男性もいるわけです（笑）。たしかに諸説《しょせつ》あって、座っておしっこをすることで、体に負担がかかると考えている方もいるようです。そういう人たちのために、泡《あわ》の層（泡クッション）がおしっこを吸収《きゅうしゅう》して、はねないようになっている最新型トイレ（LIXIL）も開発されています。

松井　えー、そうなんですか？

佐藤　トイレの新商品が発表されるたびに排泄《はいせつ》の悩《なや》みが解決されているので、日本の技術力やトイレ製造にたずさわる人たちの熱意って、本当にすごいと思いますね。

松井　お話を聞いていて、トイレへの見方が変わりました。

排泄は食事と同じくらい大切なこと

佐藤　僕は、排泄、とくに大便に対する意識の改革《かいかく》が必要だと思っているんで

す。学校でうんちをすると、からかわれたりすることがありましたよね。

松井 私も小学生のときには、学校でなかなか大ができなかったので、よく便秘《べんぴ》になりました。「うんちしてきたのー？」なんて言われたら恥ずかしいし。

佐藤 男子トイレは便器が大と小で分かれているので、よけいにそうなんです。だけど便に対する教育、つまり「便育《べんいく》」がなされていれば、そんなこともなくなっていくと思うんですよ。

松井 排泄って、食事と同じくらい健康に影響を与える大事なことですものね。

佐藤 みんな食事への関心は高いんで

す。だけど排泄については、まだあまり語られていないというか、おろそかにされているように感じています。

松井　トイレや排泄について熱く語れる男性って、すてきだなって思います。

佐藤　松井さんのようなすてきな女性が、トイレや排泄の大切さについて発信してくれたら、みんなもっとトイレや排泄の大切さに気づいてくれると思うんですよ。

松井　わかりました！　私も今日から「トイレ女子」として頑張りますね！

協力／LIXIL ショールーム東京

ルポ 知っておきたい！ 最新事情

サトミツが行く！ トイレ工場

「トイレって、どうやってつくられるの？」

この素朴《そぼく》な疑問《ぎもん》を解明するために、トイレの製造工場にやってきました。

最新の設備が整ったこの工場では、伝統的な優《すぐ》れた窯業《ようぎょう》技術を受け継《つ》ぎながら、独自の技術を駆使《くし》して、高品質な製品づくりが展開されているのです。

トイレ（衛生陶器）ができるまで…

便器の原料は泥漿という泥状の液体で、これは食器などをつくるときの原料と同じ。便器は陶器でできているのです。

原料

天然の土と石を配合して原料をつくります

原材料は、世界各地から厳選《げんせん》されて集められた何十種類もの粘土《ねんど》や砂、陶石《とうせき》などの天然素材です。これらを砕《くだ》いて、最適な原料になるように組み合わせて、水と研磨材《けんまざい》といっしょに粉砕機《ふんさいき》に入れます。

　そして、十五～二十時間かけてさらに細かく砕いて、原料となる泥漿《でいしょう》を作ります。

原料を泥漿受入タンクへ。泥漿は約1週間、水と鉱物の粒子が均一になるように一定の速度でゆっくり攪拌《かくはん》し、熟成《じゅくせい》させます

使用型は、洋風便器1つに対して4つのパーツで構成されています

型

便器をつくるための型をつくります

図面をもとに「原型」をつくります。原型は、完成までに乾燥《かんそう》、焼成《しょうせい》されて一三パーセント縮《ちぢ》むことを見込んだ設計によって完成品よりも大きめにつくられています。

次に、原型を型取りして「元型」を作成します。元型を基《もと》に、現場で使う大量の使用型をつくるための「ケース型」をつくります。

完成したケース型に石膏《せっこう》を流し込み、石膏が固まったら型からはずして、三日間かけて乾燥させると「使用型」のでき上がりです。最近は樹脂《じゅし》の型も使われています。

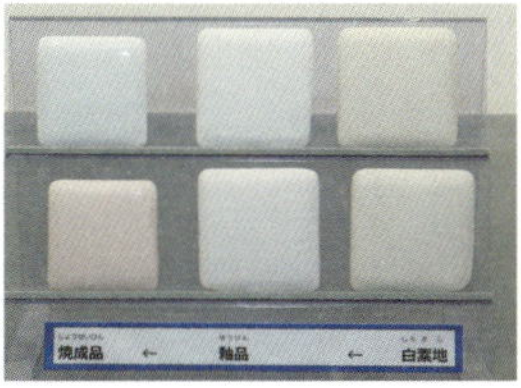

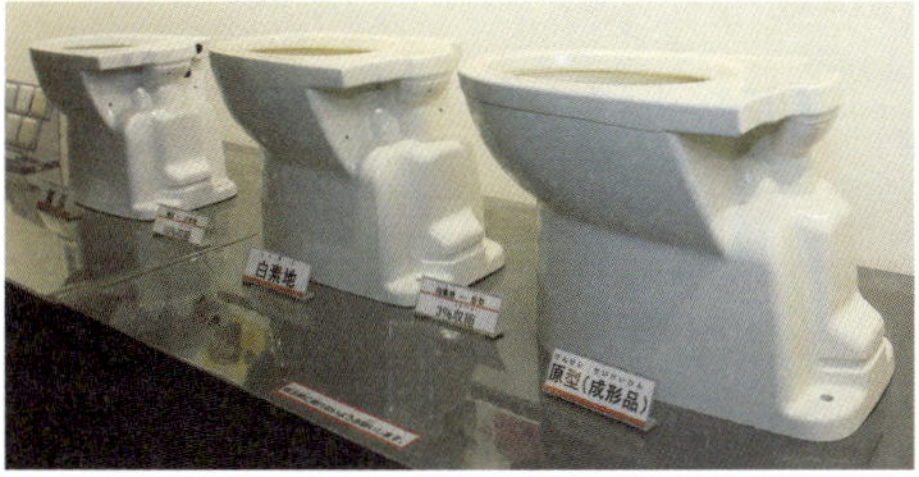

原型から白素地になるまでに3%収縮。さらに白素地から製品になるまで10%収縮します

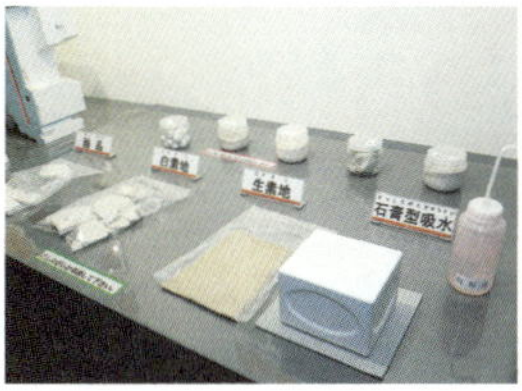

成形

便器の形をつくります

使用型に泥漿《でいしょう》を注入します。榎戸《えのきど》工場では、一度に約三十個の使用型に注入することができるラインがいくつもあります。

石膏は水を吸収する性質があるため、原料の水が吸《きゅう》収《しゅう》されて、型の周りに泥《どろ》の固まりができてきます。

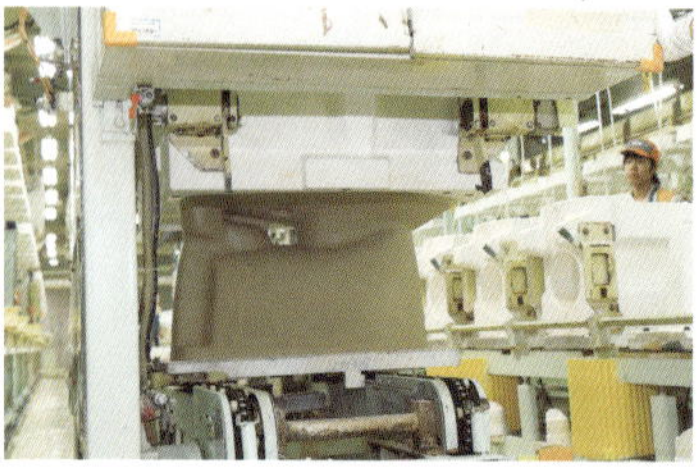

およそ２時間後に型からはずすと、約10mm の厚さの生素地が現れます。別の型でつくられたフチの部分を接着して、穴の形を整えたり、スポンジなどで余分な部分をなでて仕上げます

サトミツが行く！トイレ工場

生素地は型から外したときから乾燥が始まるため、成形工場内は常に温度は 30℃前後、湿度は 50 ～ 60％に保たれています

この時点では、まだ軟らかく、少しの力を加えてもへこんだり、傷がついてしまうので細心の注意が必要です

乾燥・施釉《せゆう》

乾燥させて釉薬《ゆうやく》を塗ります

成形された生素地を乾燥室に送り、二日間かけて乾燥させて白素地にします。このとき、生素地よりも約三パーセント小さくなって、固くなります。

でき上がった白素地は、ほこりなどを取り除《のぞ》き、光を当てて、傷《きず》やひび割《わ》れがないかなどを一つひとつ丹念《たんねん》に人の手で検査します。

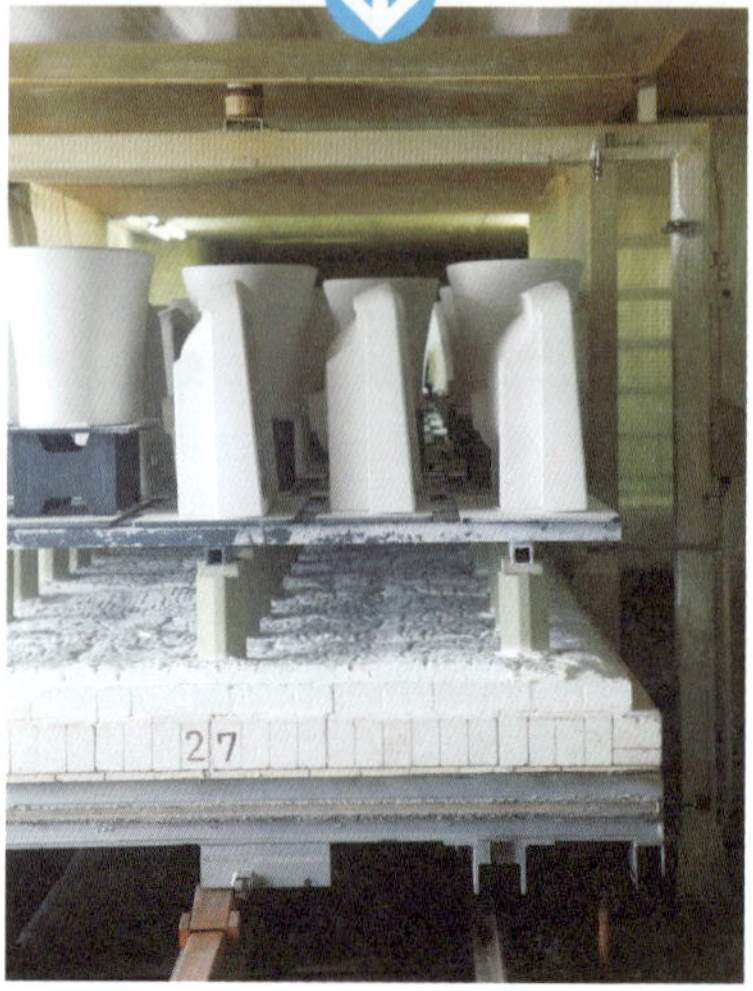

ロボットが大活躍

検査に合格すると、釉薬《ゆうやく》と抗《こう》菌剤《きんざい》をエアスプレーで均一《きんいつ》に吹きつけます。このとき、ガラス質の釉《うわぐすり》を塗ることによって光沢《こうたく》が生まれ、撥水性《はっすいせい》が高くなります。こうした作業の一部はオートメーション化され、コンピューターで制御《せいぎょ》されたロボットが行っているものもあります。

焼成《しょうせい》

約100mのトンネル窯で焼き上げます

長さ2mの台車50台が連続的に窯の中に運ばれて、24時間休みなく焼き上げられます。休日に焼きあがったものは保管庫に運ばれ、次の工程を待ちます

施釉《せゆう》された白素地を台車にきれいに並《なら》べ、台車が約一〇〇メートルのトンネル窯《がま》を約二十時間かけて進んでいって、焼き上げます。

低温で焼き始め、中央部分では最高温度が一二二〇度に到達《とうたつ》する高温で焼成されて、ゆっくりと熱を冷まして出てきます。

焼き上げられた製品は、白素地より約10%小さくなっています

検査

一つひとつ入念にチェックします

焼成された製品は、検査員が変色、切れ、ピンホール、釉《うわぐすり》のハゲなどについて肉眼《にくがん》で外観検査を行い、目に見えないクラック（ひび）などは、木槌《きづち》で叩《たた》いて音の響《ひび》きで確かめます。さらに、専用の道具で寸法《すんぽう》や傾《かたむ》きなどの寸法検査を行います。

最後に、機能検査をするため、水の通り道、空気の出入り口を完全にふさぎ、内側の空気を抜いて真空《しんくう》状態になることを確認します。

髪《かみ》の毛ほどのクラック、針穴《はりあな》一つあっても故障《こしょう》の原因になるため、見逃《みのが》すことのないように厳しくチェックをします。

最終検査は、認定資格をもつ人が行います。認定検査員は毎月、木槌を最適なスピード、強さで叩けるように訓練を行い、外観検査の目の動きをアイカメラで確認するなど、検査技術を磨いています

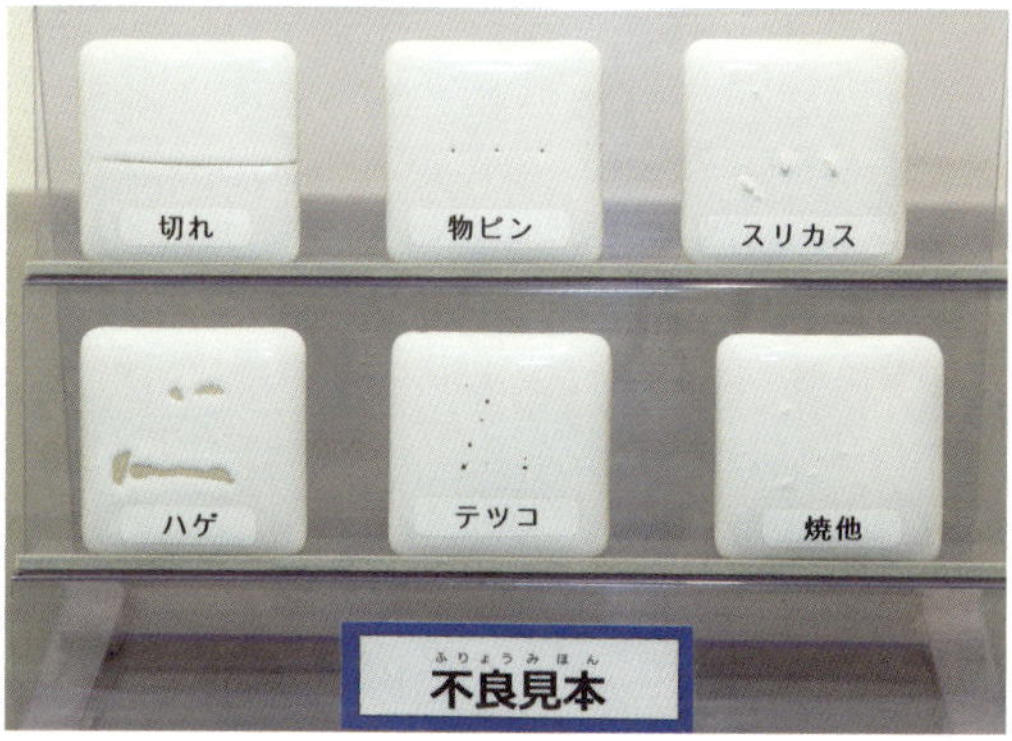

製造工程に少しでもキズがつくと、このような不良品に

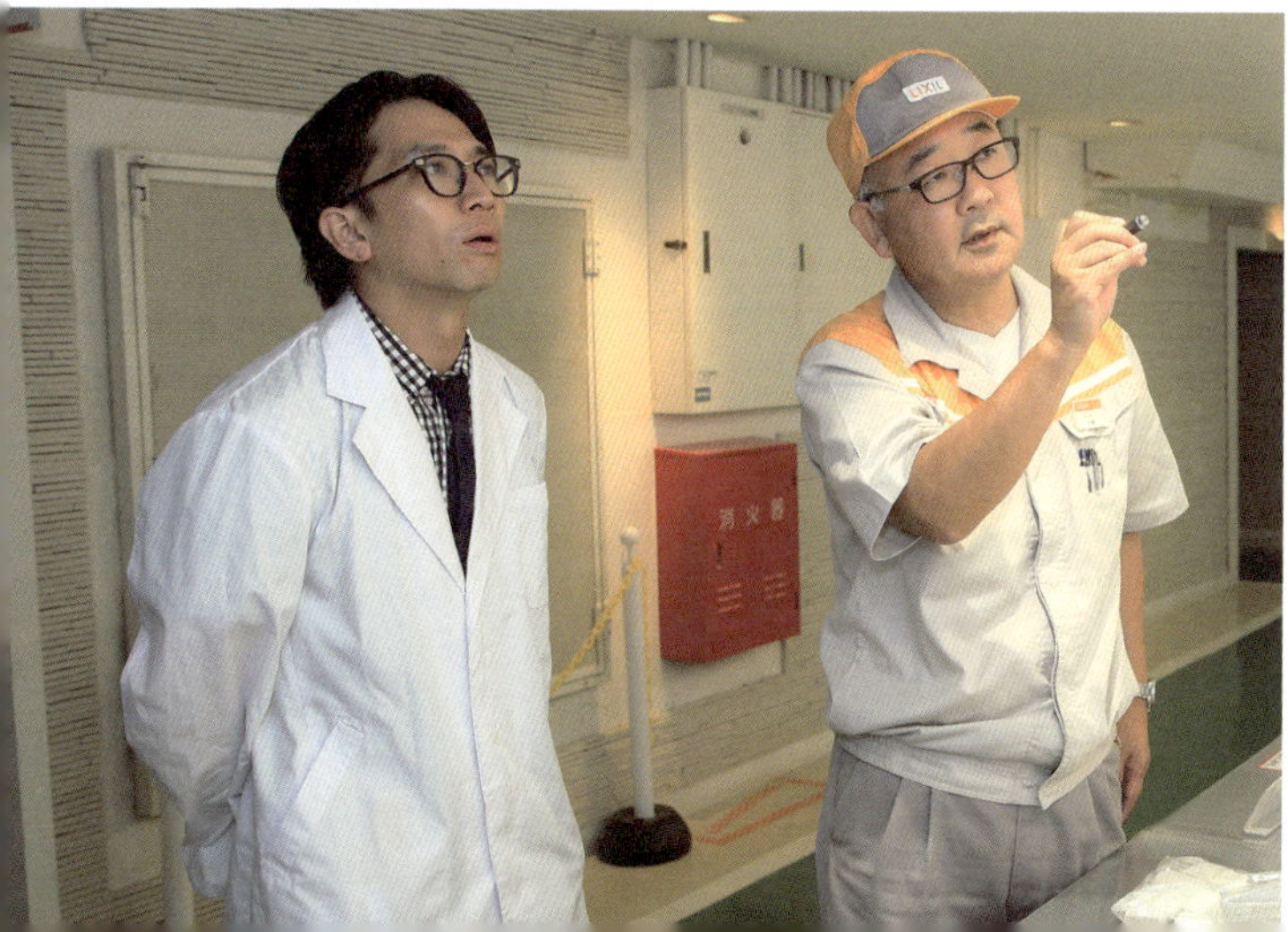

工場見学を終えて

陶器はデリケートで、仕上がりは温度や湿度に影響されるため、均一《きんいつ》な商品をつくるためには熟《じゅく》練《れん》工の技《わざ》と経験が必要です。

榎戸《えのきど》工場では、長年受け継がれてきた熟練工の技を見える化し、定量化したデータを搭載《とうさい》したコンピューターやロボットが随所《ずいしょ》で活躍しています。

それでも、仕上げや検査は、人によって丁寧《ていねい》に行われています。

便器は「機械と人のコラボレーション」によってつくられているんですね。

サトミツが行く！トイレ工場

愛知県常滑《とこなめ》市のLIXIL榎戸工場は、知多半島の西側・伊勢湾に面した丘陵地にあります。

常滑は、日本六古窯《ろっこよう》（瀬戸焼、常滑焼、丹波焼、備前焼、越前焼、信楽《しがらき》焼）の一つであり、日本を代表する焼物の街として知られています。

いまも常滑には数千基の古窯があるといわれ、さまざまな高品質の製品を数多く誕生させています。そして、美しさと使いやすさ、耐久性などに優《すぐ》れたLIXILの「衛生陶器」の数々も、この街でつくられているのです。

第4章
明日話したくなるトイレの雑学

温水洗浄便座は世界に誇る文化

いまや多くの方々に愛用されている温水洗浄《せんじょう》便座は、よく「ウォシュレット」と呼《よ》ばれますが、この「ウォシュレット」はＴＯＴＯ株式会社（以下、ＴＯＴＯ）の登録商標ですので、「ウォシュレット」と呼べる製品はＴＯＴＯが製作したものに限られます。

ちなみに、排泄音《はいせつおん》を消すために使用される機械は「音姫《おとひめ》」と呼ばれることが多いのですが、この「音姫」もTOTOの登録商標で、正式には「トイレ用擬《ぎ》音《おん》装置」といいます。

さて、「ウォシュレット」が発売されたのは一九八〇年です。この「ウォシュレット」は、発売から三十五年で累計《るいけい》販売台数が四〇〇〇万台を超《こ》え、その利用者は世界中に広がっています。温水洗浄便座はいまや、日本が世界に誇《ほこ》る文化の一つといえる

のではないでしょうか。

二〇一二年には、一般社団法人日本機械学会が認定《にんてい》する「機械遺産《いさん》」に「ウォシュレットG」が選ばれ、そのことも大きな話題となりました。

そもそも「ウォシュレット」は、TOTO（当時の社名は東陶機器《とうとうきき》株式会社）のプロジェクトチームが、苦労に苦労を重ねて誕生《たんじょう》させました。

じつは、「ウォシュレット」が誕生する前には、アメリカ製の「ウォッシュエアシート」という医療《いりょう》用の便座がありましたが、その便座はいまの温水洗浄便座と違《ちが》って、噴《ふ》き出す水の温度や量もまちまちで、いつも水が正確に〝的《まと》〟に当たるとも限りませんでした。そんな「ウォッシュエアシート」をプロジェクトチームが研究し、「ウォシュレット」を完成させたのです。

さて、「ウォシュレット」の名前の由来《ゆらい》をご存じでしょうか。一説によると、英語の「レッツウォッシュ（洗おう！）」という言葉を、逆《さか》さまにした言葉なのです。「ウォシュレット」が誕生した当時は、お尻《しり》を洗うという習慣がなかったので、その点を踏《ふ》まえての命名《めいめい》だったのでしょう。

トイレはなぜ陶器でできているの？

皆さんは、トイレの便器が「衛生陶器《とうき》」でできていることをご存じでしょうか。衛生陶器とは、建築物における給水・給湯並《なら》びに汚水《おすい》・排《はい》泄物《せつぶつ》の処理などの衛生設備に用いられる陶器具のことです。

僕は、便器に求められる条件とは主に、①頑《がん》丈《じょう》であること、②水に強いこと、③きれいであること、の三点だと考えています。そしてこれらの条件をすべて満たすのが衛生陶器なのです。

衛生陶器は耐久性《たいきゅうせい》にも優《すぐ》れています。便器は、人が何度座り、水を何回流しても、便器自体が壊《こわ》れなければ、一〇〇年間はもつといわれています。ここまで耐久性に優れた陶器は、そうありません。

ちなみに便器は、職人の手で一つひとつ丁寧《ていねい》に成形され、トンネル窯《がま》のなかで約二十四時間かけて、ゆっくりと焼き上げられて完成します。その完成までの作業と完成後の姿を見ると、便器はもはや一種の〝芸術作品〟といっても過言《かごん》ではないでしょう。

近年、陶器以外の物を用いた便器も誕生しています。たとえば、パナソニック株式会社は、特殊な樹脂《じゅし》である「有機ガラス系新素材」でできた「アラウーノ」を開発しました。アラウーノの特徴は、傷《きず》や汚《よご》れがつきにくく、重量が陶器の便器と比べて軽い点にあり、そのシェアは広がっています。

陶器には陶器のよさがあり、新素材には新素材のよさがあります。ただし、今後、便器にどのような素材が用いられようとも、陶器が用いられなくなることだけは、絶対にないと思います。

皆さんもぜひ、ご自宅のトイレを優《やさ》しく扱《あつか》い、きれいに使ってあげてくださいね。

便は健康のバロメーター

皆さんはこれまでに、便が便器にへばりつき、その汚《よご》れを水で洗《あら》い流そうとしてもなかなか落ちない、といった経験をしたことはありませんか。その原因を探《さぐ》ってみたいと思います。

まず、便がへばりつく原因は、便器自体が劣《れっ》化《か》したからでしょうか。いやいや、そんなことはおそらくありません。

最近の便器は汚れがへばりつかないように、

その表面がツルツルに研磨《けんま》されたり、特殊《とくしゅ》なコーティングが施《ほどこ》されたりしています。その技術は「セフィオンテクト加工」（TOTO株式会社）、あるいは「プロガード加工」（株式会社LIXIL）と呼ばれています。ちなみにLIXILでは、陶器《とうき》自体の素材を改良して、さらに汚れがつかない新技術を開発しました。

もちろん、何かしらの外的要因（よほど特殊《とくしゅ》な薬剤《やくざい》を使うなど）によって、その加工がダメになることも否定《ひてい》はできませんが、その可能性はかなり低いと思われます。

では、便に目を向けてみましょう。便器にへばりつくような、ねっとりとした重《おも》たい便は、便に脂肪分が多く、体内の食物繊維《しょくもつせんい》が不足していることを表しています。つまり、便がへばりつきやすいときは、〝食生活を見直し、食物繊維をしっかり摂《と》ろう！〟と教えてくれているのです。

食生活の改善以外で便のへばりつきを防ぐ方法を一つ紹介しておきます。

便をする前に、便器のなか（便鉢《べんばち》の水の上）にトイレットペーパーを一枚敷《し》いてみてください。そうすることで、便のへばりつきと水はねを防ぐことができます。簡単ですので、ぜひ一度、試してみてください。

便は健康のバロメーターです。毎回きちんとチェックしたいですね。

うんちよ、どこへ行く？

皆さんはトイレで流されたうんちが、その後、どこに行くのかご存じでしょうか？

お子さんから「うんちはどこに行くの？」と聞かれて、言葉を濁《にご》すようなことがないといいのですが（笑）。

まず、うんちは、地下に埋設《まいせつ》された下水道管に運ばれていきます。日本では、うんちなどの排泄物《はいせつぶつ》だけではなく、お風呂や台所などで使用

した水も、汚水《おすい》として下水道管に流れていくのが一般的です。また雨水《あまみず》も（すべてではありませんが）下水道管へと流れ込んでいきます。このように、汚水と雨水をいっしょに流す下水道方式を「合流式」といいます。

近年、トイレの進化によってトイレの節水が進んでいるといわれますが、じつはこの節水も下水道管が整備されているからこそ、できることなのです。

家庭から出た汚水は、細い下水道管を通って、太い下水道管へと流れていきます。下水道管には汚水を自然流下させるための傾斜《けいしゃ》がついており、汚水が流れていく速さは秒速二メートルともいわれています。

また、下水道管の位置が地中深くなりすぎることを防ぐために、ところどころにポンプ所が設けられており、ポンプ所のポンプで下水を地表近くまで汲《く》み上げ、再び流下させるのです。

そして、汚水は「水再生センター」(かつては「下水処理場」と呼ばれていた)に到着。そこで、土砂《どしゃ》類や細かい汚れが取り除かれて処理水と汚《お》泥《でい》とに分けられ、処理水は塩素消毒され、大腸菌《きん》などの殺菌を経て、川や海に流されるのです（ちなみに汚泥物は、脱水《だっすい》乾燥され肥料の原料になったり、埋《う》め立《た》て処分されます）。

僕たちが安心してトイレで用を足《た》したり、本を読んだり、くつろいだりできるのも、すべては下水道のおかげということですね。下水道はまさに〝縁《えん》の下の力持ち〟です。たまには、その功績《こうせき》を讃《たた》えてあげてもいいかもしれません。

トイレクリーンマイスターとは?

最後に、僕が持っている資格「トイレクリーンマイスター」のご紹介をしようと思います。

こちらはトイレの日常清掃《せいそう》テクニックをマスターした方に与《あた》えられる、トイレの総合メンテナンス会社「アメニティ」が行っている清掃業者向けの研修資格です。

アメニティさんは僕のトイレ仲間・同志の会社で、この会社の皆さんといっしょに、さまざまなビルや球場、たくさんのトイレ掃除《そうじ》の現場に連れていっていただきました。本来は、業者向けの制度なのにもかかわらず、僕も特別に研修に参加させていただいたのです。

トイレには多種多様な汚れが存在しますので、掃除がとても難しい場所といわれています。

しかしながら、このトイレ掃除さえマスターできれば、ほかの箇所の掃除にもその知識は生かせるのです!!　僕が水まわり全般の掃除が得意なのは、そういうわけですね。

研修では「この汚れには、どんな洗剤が有効

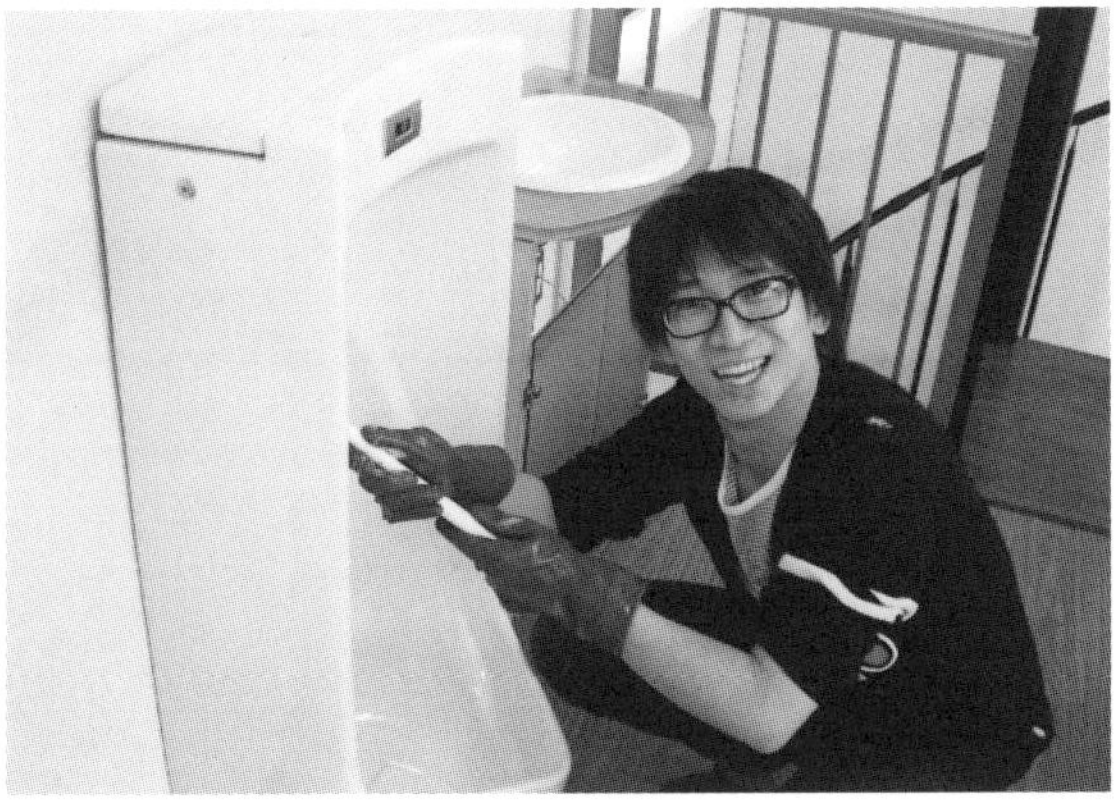

か？」「便器の汚れのつきやすい場所はどこか？」などを勉強し、きれいなトイレを維持《いじ》するための日常清掃の知識を徹底的に教え込まれます。

無事にトイレクリーンマイスターとして認められた僕は、ここから掃除の世界にどっぷりはまっていくわけです。

さらに……僕がもう一つ有している資格が「名誉トイレ診断士」というもの。トイレ診断士というのは、厚生労働省認定の社内検定資格です。

これは、「アメニティネットワーク」の社内検定資格のため、「トイレ診断士になりたい！」と

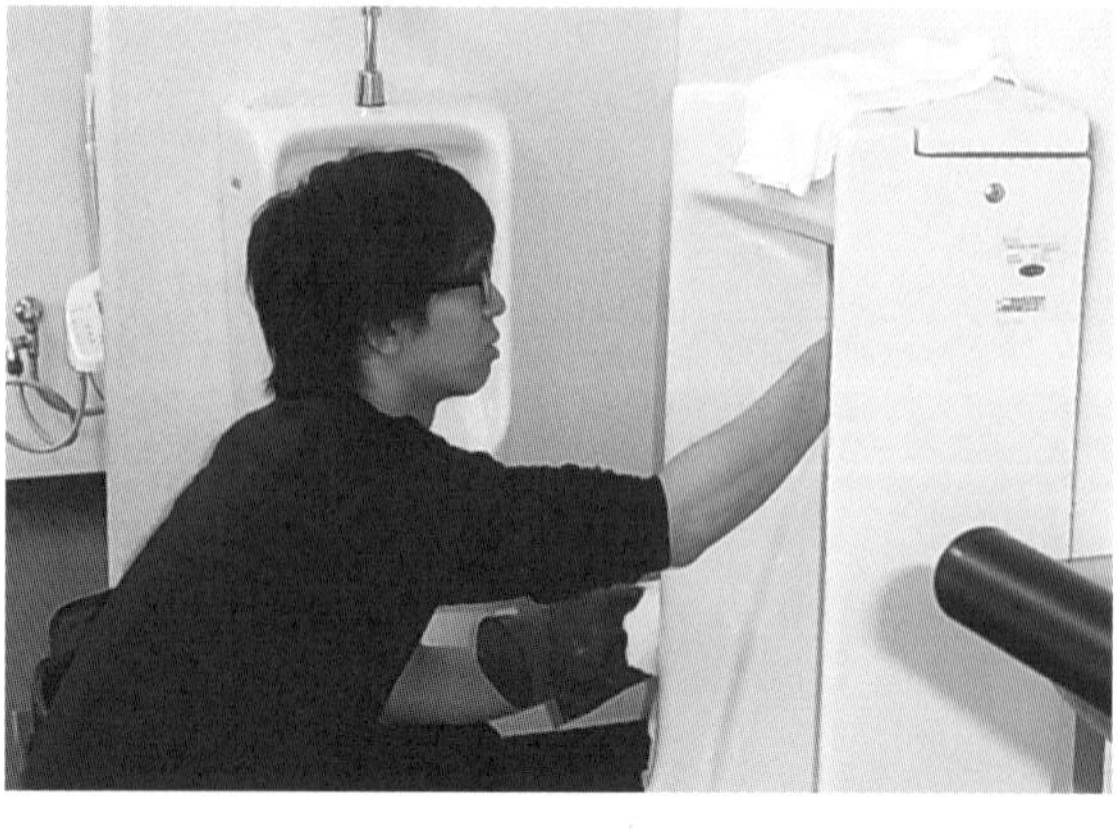

いう方はまず、アメニティネットワークに就職するか、フランチャイズ加盟する必要があります。

そこで、二年以上実績を積み、試験に合格して晴れて「トイレ診断士」となることができます。試験は毎年九月に横浜で行われているのですが、トイレ診断士をめざして、全国から多くの受験希望者が集《つど》ってきています。

トイレ診断士は、風速計《ふうそくけい》や内視鏡《ないしきょう》などの計測機器を使い、科学的な手法でトイレの不具合を見極《みきわ》める者に与えられる資格です。

試験は、知識を問う学科試験と、診断機器の操作技能を問う実技試験の二つがあり、両方をクリアしないと合格できません。

目に見える顕在《けんざい》化《か》された不具合がわかる者が二級。目に見えない潜在的《せんざいてき》な不具合をも見極めることができる者が一級トイレ診断士になります。本当は、資格を取得するには実務経験がないといけません。

つまり、僕がこの資格を取得しようと思ったら、お笑い芸人を辞《や》めて数年間、働かないといけないのです。

しかしながら、トイレ博士としてはなんとしても持っておきたい資格であります。

「よし！　交渉してみよう！」ということでアメニティネットワーク技能検定協会に駆《か》け込み、無理を承知でご相談すると、「トイレ診断士にはなれないけど、トイレ診断士と同じ志《こころざし》でトイレやトイレ掃除を大事に考えている」ということを評価してくださり、「名誉トイレ診断士」という特別な称号《しょうごう》をいただくことになりました。

現在、この「名誉トイレ診断士」は僕だけです！　動いてよかった！　やっててよかった！

皆さんもぜひ、自分のスペシャリティーを見つけて、特殊な資格を取ってみてはいかがでしょうか？

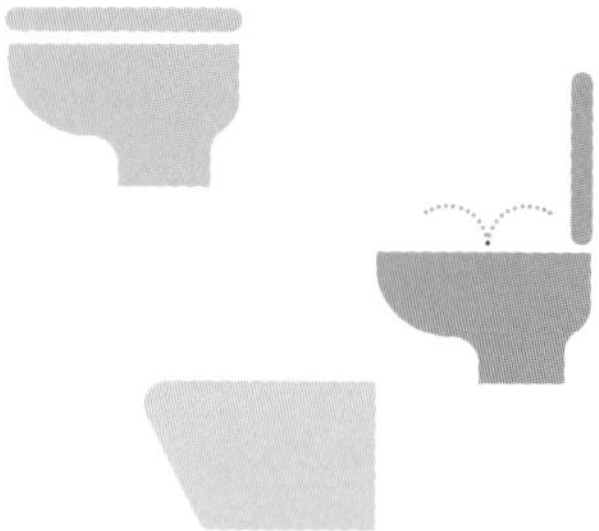

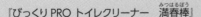

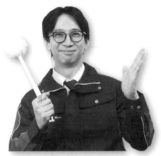

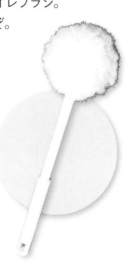

「あとがき」という名の感謝状

まずは『佐藤満春のトイレ学』をお読みいただいた皆さま、たいへんにありがとうございました。貴重《きちょう》なお時間をいただきました。

トイレという壮大なテーマを自分なりに研究し始めてより、十年という月日が経《た》ちました。当時、トイレの技術は天井《てんじょう》を打ったといわれていたのに対し、二〇一六年現在、その技術革新《かくしん》はいまもなお、とどまる気配がありません。本当に技術者の皆さまには頭が下がります。

技術者、開発者、そしてそれを売り出す営業の皆さま、広告の皆さまなどなど、数えだしたらキリがありませんが、トイレ製作・開発・販売にかかわるすべての皆さんに、一トイレファンとして感謝申し上げます。

日本のトイレをよくしていただき、本当にありがとうございます。

一方で、トイレが抱《かか》える諸《しょ》問題も山積みであります。

たとえば、本編で取り上げた「小学生男子が学校でトイレに行けずにがまんしている」という問題も、ここ数年の話ではなく、数十年ずっとあるものです。

私のようなちっぽけな存在が、そのような大きな問題をすべて解決するのは難《むずか》しいことかもしれません。

ただ、さまざまな縁《えん》があってこの本を読んでくださった皆さま一人ひとりにとって、何かを考えるきっかけにしていただければ本望《ほんもう》です。

この本を出版するにあたり、ご尽力いただいた第三文明社の皆さま、そして弊社担当マネージャー（面倒なタレントで、すみません）、仕事の環境を作ってくれた妻、そして息子、春日《かすが》（オードリー）、春日との対談の許可をくれた事務所関係者の皆さま、ほかにもかかわっていただいたすべての皆さま、本当にありがとうございました。

今後も進化し続けるトイレ情報を楽しくお伝えできるよう、がんばってまいります。

次は二〇二〇年東京五輪《オリンピック》・パラリンピックに向けて動き出す予定です。トイレ環境を整えることこそ、最高の「おもてなし」だと思っています。

また、そのころ、第二作目が出版できたらうれしいです。

それではまた、どこかのトイレでお会いしましょう。

〝ジャー〟

二〇一六年十月四日

LIXIL榎戸工場ロケ帰りの新幹線にて

佐藤満春

佐藤 満春

1978年、東京都生まれ。テレビ番組の構成作家をしながらお笑いコンビ「どきどきキャンプ」として活動中。トイレやトイレ文化に造詣が深く、トイレ博士としてイベントに出演したり、トイレを研究するラジオ番組などのパーソナリティーも務めている。趣味は音楽鑑賞とトイレのショールームに行くこと。日本トイレ協会会員（会員番号3022番）。掃除能力検定士（5級）。名誉トイレ診断士。トイレクリーンマイスター。

装幀・本文デザイン　村上ゆみ子
カバーイラスト　タオカミカ

[写真撮影]
生井秀樹／柴田　篤／亀山城次

[イラスト]
タオカミカ／セキウサコ

[取材協力]
株式会社 LIXIL
株式会社 ケイダッシュステージ
株式会社 ツインプラネット
株式会社 サンズエンタテインメント
株式会社 アメニティ
株式会社 サンコー
株式会社 目黒雅叙園
株式会社 サニーサイドアップ
渋谷ヒカリエ ShinQs
千代田区 環境まちづくり部 道路公園課
市原市 経済部 観光振興課

[編集協力]
株式会社 小学館
瀬尾ゆかり／真壁恵美子／山懸美幸
月刊教育誌『灯台』

[編集ディレクション]
朝川桂子

芸能界No.1
トイレマニア
佐藤満春の
トイレ学

芸能界《げいのうかい》No.1《ナンバーワン》トイレマニア 佐藤満春《さとうみつはる》のトイレ学《がく》

2016年11月10日　初版第１刷発行

著　者　佐藤満春《さとうみつはる》
発行者　大島光明
発行所　株式会社　第三文明社
東京都新宿区新宿1-23-5
郵便番号 160-0022
電話番号 03(5269)7144(営業代表)
03(5269)7145(注文専用)
03(5269)7154(編集代表)
URL http://www.daisanbunmei.co.jp
振替口座　00150-3-117823
印刷・製本　中央精版印刷株式会社

ISBN978-4-476-03361-8